JN121597

〈紙一枚やりくり表〉

月の収入

	口座	金額
パパ		
ママ		
児童手当		
合計	A	

ボーナス・臨時収入

	口座	金額
パパ		
ママ		
合計	B	

月の出費

費目	方法	口座	金額
食材			
仕事昼食			
外食			
日用品			
ペット			
美容・健康			
医療費			
住居費			
水道代			
電気代			
ガス代			
スマホ・ネット			
サブスク			
新聞・受信料			
クリーニング代			
交通費			
車関連費			
学校関連			
保育関連			
学童			
文房具・学用品・書籍			
大人習い事			
子ども習い事			
レジャー費			
パパ小遣い			
ママ小遣い			
子ども小遣い			
ローン・奨学金			
社保・税金			
予備費			
生命保険(掛捨)			
生命保険(貯蓄)			
NISA・iDeCo			
先取り貯蓄			
合計	C		
月収支(A-C)	D		

年の出費

費目	方法	口座	金額
イベント・旅行・帰省代			
住まいのもの・家具・家電代			
被服費(子ども)			
被服費(大人)			
車関連費			
住宅関連費			
写真代			
交際費			
医療費			
ふるさと納税			
年会費			
受信料(NHK)			
社保(国保・年金)			
税金			
学費			
生命保険(掛捨)			
生命保険(貯蓄)			
NISA・iDeCo			
先取り貯蓄			
合計	E		

年間収支

年間収入合計	A*12+B	F
年間支出合計	C*12+E	G
年間収支(F-G)		H

月支払い方法別集計

方法	口座	金額
現金合計		
カード合計		
電子マネー合計		
引落し合計		
合計		
年間貯蓄額(※合計)		

イベント・旅行・帰省代

内容	予算	実績
春休み		
GW		
夏休み		
冬休み		
パパ誕生日		
ママ誕生日		
第一子誕生日		
第二子誕生日		
第三子誕生日		
祖母誕生日		
祖母誕生日		
祖父誕生日		
祖父誕生日		
父の日		
母の日		
こどもの日		
運動会		
ハロウィン		
クリスマス		
お正月		
バレンタイン		
ひな祭り		
発表会		
帰省		
旅行		
入学・卒業		
合計		

住まいのもの・家具・家電代

内容	予算	実績
タオル		
マット類		
スリッパ		
シーツ・枕カバー		
布団 メンテナンス含		
キッチン用品		
弁当箱・水筒		
収納・カバー		
暑さ・寒さ対策グッズ		
カーペット 防音対策		
家具		
家電		
ガーデニング		
自転車 メンテナンス含		
PC関係		
雑貨		
合計		

被服費(子ども)

内容	予算	実績
制服 円×		
体操着 円×		
プール関係 円×		
部活・スポーツ 円×		
上靴 円×		
長靴 円×		
かさ 円×		
春秋靴 円×		
春秋靴下 円×		
春秋パジャマ 円×		
春秋下着 円×		
春秋服 円×		
夏靴 円×		
夏靴下 円×		
夏パジャマ 円×		
夏下着 円×		
夏服 円×		
冬靴 円×		
冬靴下 円×		
冬パジャマ 円×		
冬下着 円×		
冬服 円×		
冬コート 円×		
子ども特別服 円×		
合計		

被服費(大人)

内容	予算	実績
パパ仕事 服・靴・その他		
パパ普段 服・靴・その他		
パパ特別 服・靴・その他		
パパスポーツ		
ママ仕事 服・靴・その他		
ママ普段 服・靴・その他		
ママ特別 服・靴・その他		
ママスポーツ		
合計		

写真代

内容	予算	実績
合計		

ふるさと納税

内容	予算	実績
合計		

車関連費

内容	予算	実績
保険料		
税金		
車検		
タイヤ		
メンテナンス		
合計		

住宅関連費

内容	予算	実績
固定資産税		
保険料		
更新料		
合計		

交際費

内容	予算	実績
結婚式		
香典		
お祝い		
お中元・お歳暮		
年賀状		
合計		

医療費

内容	予算	実績
健診		
予防接種		
検診		
受診		
合計		

年会費

内容	予算	実績
クレカ		
サブスク		
町内会費		
所属団体会費		
合計		

生命保険(掛捨)

名称	目的	年間保険料
合計		

生命保険(貯蓄)

金融商品名	目的	年間保険料
	学費(第一子)	
	学費(第二子)	
	学費(第三子)	
	住宅	
	老後	
	車	
	家電	
	旅行	
	将来	
合計※		

NISA・iDeCo(貯蓄)

金融商品名	目的	年間積立額
	学費(第一子)	
	学費(第二子)	
	学費(第三子)	
	住宅	
	老後	
	車	
	家電	
	旅行	
	将来	
合計※		

先取り貯蓄(貯蓄)

金融商品名	目的	年間貯蓄額
	学費(第一子)	
	学費(第二子)	
	学費(第三子)	
	住宅	
	老後	
	車	
	家電	
	旅行	
	将来	
合計※		

MEMO

子ども6人FPが教える

お金が貯まる・使える

かんたん

紙1枚

家計管理

橋本絵美 Hashimoto Emi

日本実業出版社

Let's try it !

紙1枚やりくり表は こうやって使います！

月の出費 ── 年の出費

かなり細かく洗い出すことで、「お金が足りない！」という状況を回避。足りないときに使える予備費も確保し、なるべく表の内容が崩れないようにしています。

月の出費			
費目	方法	口座	金額
食材	現	楽	60,000
仕事昼食	現	楽	6,000
外食	カ	楽	10,000
日用品	カ	楽	5,000
ペット			
美容・健康			
医療費			
住居費	振	三	153,200
水道代	カ	楽	5,000
電気代	カ	楽	15,000
ガス代	カ	楽	5,000
スマホ・ネット	カ	楽	10,000
サブスク			

年の出費			
費目	方法	口座	金額
イベント・旅行・帰省代	カ	楽	500,000
住まいのもの・家具・家電代	カ	楽	150,000
被服費(子ども)	カ	楽	150,000
被服費(大人)	カ	楽	60,000
車関連費			
住宅関連費	振	三	100,000
写真代	カ	楽	10,000
交際費	現	楽	35,000
医療費	現	楽	50,000
ふるさと納税	カ	楽	
年会費			
受信料(NHK)	カ	楽	25,000
社保(国保・年金)			

> 食費は、「食材」「仕事昼食」「外食」と細かく分けることで予算を守りやすくしています

> 年払いしているものや毎月決まって買うわけではない物は年の出費として記入します

> 現金は合計額を月に1回だけおろすのがポイント。口座を整理すると家計管理がラクになります

年の出費の細かな費目

年の出費を細かく予算化することが、成功の鍵です。先に予算を決めておけば、なんとなく古くなったから、安かったからなどと無計画に買い物をすることも防げます。

イベント・旅行・帰省代			住まいのもの・家具・家電代			被服費（子ども）		
内容	予算	実績	内容	予算	実績	内容	予算	実績
春休み	5,000		タオル	5,000		制服 円×		
GW	5,000		マット類	5,000		体操着 円×		
夏休み	10,000		スリッパ	5,000		プール関係 円×		
冬休み	5,000		シーツ・枕カバー	10,000		部活・スポーツ 20000円×1	20,000	
パ誕生日	1,500		布団 メンテナンス含	10,000		上靴 2500円×6	15,00	
マ誕生日	1,500			10,000		長靴 円×		
一子誕生日	3000円 ×6人分			5,000		かさ 1000円×1	1,00	
二子誕生日	=18,000			10,000		春秋靴 3000円×6	18,000	
三子誕生日				10,000		春秋靴下 1000円×6	6,000	
母誕生日	3,000		カーペット 防音対策	10,000		春秋パジャマ 2000円×2	4,000	
母誕生日	3,000		家具	20,000		春秋下着 1000円×6	6,000	
父誕生日	3,000		家電	30,000		春秋服 5000円×2	10,000	
父誕生日	3,000		ガーデニング			夏靴 3000円×6	18,000	

> ちょっとしたイベントについても、すべて予算を決めています

> おさがりしにくい靴下や下着の予算はしっかり確保しています

収支

支がプラスであればOK。も
マイナスになってしまっ
ら、全体を見て調整します。

年間収支

年間収入合計	A*12+B	F
年間支出合計	C*12+E	G
収支 (F-G)	H	

支払い方法別集計

方法	口座	金額
現金合計	楽天	120,000
カード合計	楽天	130,000
子マネー合計		
引落し合計	ゆうちょ	60,000
辰込合計	三井住友	153,000
合計		443,000

貯蓄

将来のお金は、何のために、いつまでにいくら必要かによって、保険、投資、預金を使って貯めます。期間と目的に合わせて貯める場所を変えることで、リスクを分散させ、資産を増やすことができます。

生命保険（貯蓄）			NISA・iDeCo（貯蓄）			先取り貯蓄（貯蓄）		
金融商品名	目的	年間保険料	金融商品名	目的	年間積立額	金融商品名	目的	年間貯蓄額
終身保険	学費(第一子)	120,000		学費(第一子)			学費(第一子)	
〃	学費(第二子)	120,000		学費(第二子)			学費(第二子)	
〃	学費(第三子)	120,000		学費(第三子)			学費(第三子)	
〃	住宅・四子	120,000		住宅			住宅	
ドル	老後五子	120,000	iDeCo	老後	276,000		老後	
ドル	車六子	120,000		車			車	
メディカルR	家電医療	120,000		家電			家電	
個人年金	旅行老後	120,000		旅行			旅行	
学資保険	将来	120,000	NISA	将来	792,000		将来	
合計*		1,080,000	合計*		1,068,000	合計*		

> 保険の加入状況や投資額がパッと見てわかります!

6人の子をもつママ ファイナンシャルプランナー **FP**で
お片づけプランナーのお家を紹介します!

上は中学2年生から下は3歳まで、2男4女を育てながら、FPとして家計管理をアドバイスしています。そんな我が家の生活は、超シンプルです!

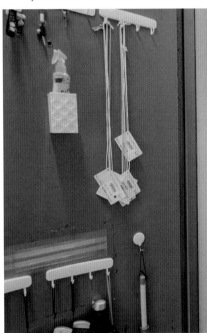

**ようこそ
橋本家へ!**
これまで蓄えてきた「経験と知恵」を活かした貯まる家計管理術を紹介します

Entrance

玄関ドアも収納に

虫よけスプレーや自転車の鍵、折り畳み傘などを収納。

宅配便用に100円ショップで買った印鑑に磁石をつけて貼っています

靴の数を決めて管理

8人家族でも玄関に靴は常に靴が出ていない態に。一人3足のルール。

Kitchen

シンプルにすることで
掃除もラクに

あれこれいろいろなものを持たないようにしています。ゴミ箱も棚の中に収納することで、外に出ていない状態に。

＼橋本家にある洗剤はこれだけ／

＼洗剤の種類は最小限にするとお金もかからず管理もラク＼

Living room

リビングには大きな本棚

リビングにはテレビを置かず、大きな本棚を置いています。小説、絵本、伝記、マンガなど、さまざま。図書館でも限度いっぱい借りてきます。

Close up!

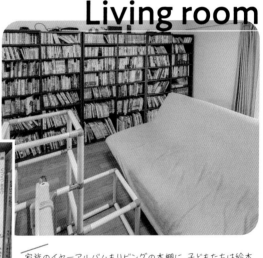

＼家族のイヤーアルバムもリビングの本棚に。子どもたちは絵本感覚でよく眺めています＼

Bath

お風呂には
「リンスインシャンプーとせっけん」だけ

日用品の数を減らすために、洗剤と同様にお風呂用の消耗品も必要最低限に。子どもたちが使うのは、リンスインシャンプーとせっけんのみ。私はそれにプラスして、メイク落としも使用しています。

食費

身長148cmの私よりも小さめ！

冷蔵庫の中身は3日分。すべて使いきることが大事！

以前、大きな冷蔵庫を使っていたときは、食〔材〕を見落としてしまい無駄にしてしまったこと〔も〕。あえて小さめを選び、食材を3日で使いきる〔サ〕イクルにしています。

1回のお買い物で買うのはかご2つ分だけ

肉と魚を4パック、にんじん、玉ねぎ〔、〕じゃがいも、サラダ用の野菜、みそ汁〔の〕具、牛乳、卵など、かご2つ分を買うと〔、〕だいたい6000円ほどに。自分なりの目〔安〕を持てると買い物がラクになります。

Close up!

にんたまじゃが(にんじん・玉ねぎ・じゃがいも)は、橋本家必須アイテム！ 決めてあるのでパパに買い物を任せても安心です

時短につながる便利な家電は取り入れる派！

時短につながるものは、高価でも積極的に取り入れています。食洗機とドラム式洗濯乾燥機は時短マスト家電です。最近、自動調理家電の「ヘルシオ ホットクック」を導入。コンロの前に立つ時間が減り、子どもたちとの時間が増えました。

気になる便利家電はレンタルで試してから購入するのがおすすめ。気に入ったものは、ふるさと納税の返礼品となっていないかも要チェック！

ﾄｯｸ用の棚にリストを
ﾗってチェック

用品のストックは、今
っているものプラス未
用のものひとつのみ。
トックの棚から出すと
に、リストに丸をつけ、
い物のときには、この
ストを持って行きます。
い忘れも余分に買うこ
もなくなるのでおすす
です。

日用品費

Close up!

棚の中にペンも
1本入れておけ
ば、チェックする
のを忘れずに
済みます!

ｸｰﾎﾟﾝとポイントを活用してお得に

1回あるドラッグストアのポイント10倍デーに日用品を
とめ買いしています。買い物前にアプリでクーポンをチ
ック。さらに、支払いをカード払いにすればポイントも
まるため、節約になります。

教育費

子どもたちの学用品置き場。一人につき3段のカラーボックスを
使用しています。イメージは「学校のロッカー」。置き場がわかり
やすいため、低学年の子でも迷わず片づけられます

習い事は一人ひとつまで。
塾は無料公開テストを
受けて特待生になれたら

学費は、6人全員が大学に進学できる
ように備えています。
習い事は一人ひとつが橋本家ルールで
す。長男は中学受験がしたいと本人が
希望したため、小3のときに入塾テス
トを受け、特待生になれたため通わせ
ることにしました。

今日からできる！
橋本流かんたん通帳管理術

通帳管理のコツは、とにかく「パッと見てわかる」ということ。そのため我が家の通帳は、外にも中にも書き込みがたくさん。「誰かに見られたら恥ずかしい」という方もいらっしゃいますが、誰かに見せる機会はほとんどないはず。自分がいかに効率的かつラクに管理できるかを最優先にするのがおすすめです！

> この可愛いテプラは出産祝いにいただきました♪

表紙

ラベルでパッとわかる！

テプラを使って、何用の通帳か、パッと見てわかるようにラベリング

1ページめ

毎月ある入出金を明記

何日に何の入金・出金があるのかを一覧にして見える化します。通帳に貼っておくと便利。

中身

何のお金かわかるように書き込む

とくに引き落としなどは、「何のお金？」となりやすいもの。自分がわかるように書き込んでいます。

はじめに

　はじめまして。ファイナンシャルプランナー（FP）の橋本絵美です。突然ですが、あなたは家計簿をつけていますか？あるいは、つけたことがありますか？

　残念ながら私は、何度やっても家計簿は三日坊主。続いたためしがありません。「FPがそんなことでいいの？」と思われるかもしれませんね。ごもっともです。

　ですが、誤解を恐れずにいえば、家計簿が続けられれば貯蓄が成功するのかというと、それは少し違います。家計簿を細かくつけても、「何が無駄かわからない」と悩む人は少なくありませんし、書くことで満足してしまい、肝心の家計改善につながらないケースも多々あるからです。

　では、そんな私を含めた家計簿が苦手な方や、家計簿をつけても効果が感じられない方は、お金をどう管理したらよいのでしょうか。選択肢のひとつとして紹介したいのが、本書でお伝えする「紙1枚やりくり表」を使った家計管理です。文字通り、「紙1枚」で家計を管理する方法で、家計簿のように毎日細かく記録する必要はありません。一度つくれば、あとはときどきアップデートするだけでよく、それでいて効果はバツグン。家計簿なしでも無駄にお金を使わない意識を持つことができ、家計全体が改善していくようになります。

　今の時代、どの家庭も忙しく、お金のことはよほど困った状

態にならない限り、後回しにしがちです。我が家も、上は中学2年から下は3歳まで6人の子どもがいます。決してお金持ちというわけではなく、夫はごく普通のサラリーマン。共働きですが、家も築45年の古い賃貸マンションで、毎日それこそ、家事と育児、仕事で手一杯です。

　ですが、子どもが多くて忙しいから、家計簿が苦手だからといって、教育費をつくらないわけにはいきません。教育費は使うタイミングが決まっているので、困ってから対応していたのでは、手遅れになります。とはいえ、毎日お金の心配ばかりしているのも、ストレスです。お金のことであれこれ悩んだりせず、毎日を健やかにすごしたい。それは、子どもが何人だろうと、一人暮らしであろうと、何歳であろうと、同じ願いであり、課題のはずです。

　本書でご紹介する「紙1枚やりくり表」は、忙しくても、お金のことが苦手でも、無理なく続けられることを念頭においてつくった家計管理のツールです。

　私はもちろん、家計相談に来られるあらゆるタイプの方が実践し、みなさん成果を出しています。大家族で出費の種類の多い我が家でも、紙1枚にすべて整理できましたので、あなたができないはずはありません。

　紙1枚やりくり表は、実際の家計相談では、私がお手伝いしながら表を作成していきますが、本書では、どなたでも自分自身で作成できるように、より簡単に調整しました。本書で紹介する順に作成していけば、早い人で40分、遅くとも2時間程度で完成し、新しい家計管理のツールとしてすぐ活用できると思

います。

　第1章ではまず、紙1枚やりくり表を使った家計管理とはどんなものなのかをお伝えします。家計簿との違いや、目的について解説しますので、ぜひ頭に入れてから読み進めてください。

　第2章からは、いよいよ実際に紙1枚やりくり表を作成していきます。巻頭の「紙1枚やりくり表」をコピーまたはダウンロードして、書き込んでいきましょう。通帳やカードの明細を見ながら、ひとまず全費目を埋めてみるのが目標です。

　第3章では、書き上げた予算表をブラッシュアップしていきます。第2章で紙1枚やりくり表を書き上げると、おそらくほとんどの方が「想像以上に支出が多い」と感じると思います。第3章では、そこからじっくり我が家が大切にしたいお金の使い方、将来必要になるお金などについて考えながら、予算を調整していきます。できあがる頃にはきっと、納得のいく家計管理の土台が完成しているはずです。

　第4章では、口座とカードを整理します。第3章で書き上げた紙1枚やりくり表と、実際のお金の流れを一致させることで、家計簿なしでもシンプルに管理できるようになります。紙1枚やりくり表を書いておしまいにせず、必ずセットで行なうようにしてくださいね。

　第5章では、紙1枚やりくり表の使い方を紹介します。使い方は非常にシンプルですが、最初は予算オーバーすることも多

いと思います。そこで、8人家族を予算内で切り盛りしている私が普段実践している、予算を簡単に守るコツも紹介します。

　第6章は、紙1枚やりくり表で、将来を豊かにする方法について紹介します。FPとしてどのように6人の子どもたちの教育費を貯めているか、金融商品の選び方や投資についても触れていきます。

　本書で紹介する紙1枚やりくり表を使った家計管理は、「誰でも簡単にお金を管理できる」のが、最大のメリットです。お金のことにいちいち悩まず、豊かな気持ちで将来を楽しみにできる仕組みを、一緒につくっていきましょう！

橋本絵美

第3章　お金の使い方を考える

第6章　紙1枚やりくり表で、豊かになる

紙1枚やりくり表のモデル例

読者特典！「紙1枚やりくり表」のダウンロード方法のご案内

カバーデザイン　岩永香穂（MOAI）
カバーイラスト　鈴木衣津子
本文デザイン・DTP　一企画
編集協力　大上ミカ（カクワーズ）

第 1 章

紙1枚やりくり表を
使った家計管理とは？

お金は、ラベリングで
うまくいく

　本章では、紙1枚やりくり表を使った家計管理とは、どんな
やりくりなのかについて説明します。まずは、紙1枚やりくり
表と家計簿の違い、紙1枚やりくり表でできること、できない
ことをご理解ください。目的を理解することで、よりラクに家
計をコントロールしていけるようになります。

■ お金をどのように使うかを決める

　紙1枚やりくり表を使った家計管理とは、一言でいえば「お
金のラベリング」です。ラベリングとは、名前をつけて管理す
ること。たとえば、靴下をしまう引き出しに、「靴下」とラベ
ルを貼っておくと、誰が見ても、そこが靴下の収納場所だと理
解できますよね。それと同じで、使う前のお金にすべてラベル
をつけ、何に使うお金なのかを決めてしまう作業です。

　具体的には、月の食費は5万円、日用品は1万円という具合
に、毎月の予算はもちろん、靴下は年間で一人3000円まで、子
どもの誕生日プレゼントは5000円までなど、細かいところまで
使い道と使っていい金額を決めていきます。

　お金の使い方はその家庭によって違いますし、「私は旅行に
お金をかけたい」「私は子どもの教育費を最優先で貯めたい」
など、価値観もいろいろです。つまり、お金のラベリングとは、
お金をどのように使っていくかを決める作業であり、自分の希

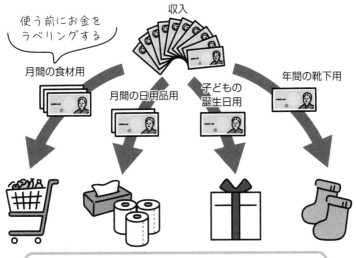

大切なのはお金の「ラベリング」

使う前にお金を
ラベリングする

収入

月間の食材用

月間の日用品用

子どもの
誕生日用

年間の靴下用

使わないようにするのではなく、
使う金額を先に決めることで無駄を減らす！

望の暮らしをつくる設計図ともいえます。

　使う前にお金をすべてラベリングしてしまえば、あとはその通りに使っていくだけで、叶えたい暮らしを達成できます。

　お金を使うときにいちいち、「これを買って、あとで足りなくならないかな？」「無駄に使いすぎていないかな？」と気にする必要がなくなるので、精神的に非常にラクです。逆に「これくらいなら使っても平気でしょ」と財布のひもがゆるみそうなときのブレーキにもなります。ほしいものに対しては、お金を堂々と使うことができ、貯蓄も安定して続くので、お金のことに悩まされなくなるのです。

家計簿は続かなくても、ラベリングなら誰でもできる

　紙1枚やりくり表のいいところは、誰でも簡単にできる点です。家計簿のように、使ったお金を細かく記録し続けるのは、大変ですが（私は続きません……）、使い道と金額を決めるだけなら、それほど難しくないはずです。

　第2章で詳しく解説しますが、ステップとしては支出を家賃や食費のように毎月使う「月の出費」と、旅行代や被服費のようにときどき支払う「年の出費」に分け、ひたすら洗い出してその金額（予算）を決めます。あとはその通りにお金を使っていくだけです。もし、決めた予算をオーバーしたら、ほかの出費を削って調整します。こうすることで、収支がマイナスになることを防げます。

　本書を読みながら、実際に書き進めていただけるように、巻頭に「紙1枚やりくり表」をお付けしました。データをダウンロードすることもできます（198ページ参照）。また、多くの家庭に共通する支出の内容と金額の目安も、家族構成や年収別に紹介しています（190〜197ページ参照）。これを見れば、「何にいくら使っているのか全然わからない！」という方も、おそらくすべての項目を埋められるはずですので、ご安心ください。

お金をラベリングすれば、適正な生活サイズが見える

　紙1枚やりくり表を書いて、お金をラベリングすると、自分が使える現実的な金額を体感的に理解できます。

　ラベリングは、入ってきたお金をどう配分するかを決めていく作業なので、今の収入で買える範囲がおのずとわかるからです。家計全体を俯瞰できるので、服にかけていい金額や、旅行に使っていいお金も客観的に設定できます。

　「食費はみんな5万円くらいだから、うちも5万円」などと、ほかの家計や平均を参考にするのではなく、「うちが食費にかけられるのは、最大でも5万円」と根拠を持って決めることができます。我が家にとって適正な生活サイズを把握することができるのです。

　お金を使うときも、単に「セールで安いからたぶん買っても大丈夫」などとあいまいな理由ではなく、「今年使っていい金額はこのぐらいだから、買っても問題ない」と、自信を持って判断できるようになります。

■「ぜいたくしていないのにお金がない」を脱却

　家計相談に来られる人の中には、「ぜいたくしていないのにお金が足りなくなる」とおっしゃる方が少なくありません。その原因の多くは、先ほどお伝えした「年の出費」のラベリング

が甘いことにあります。

　たとえば、夏休みの旅行代は予算化していても、子どもたちのお昼ご飯代を見越している人はほとんどいません。洋服代の予算は確保していても、靴下や肌着、タオルの買い替え費用を確保していないと、毎月の生活費から出すことになります。こうした見通しの甘さが、最終的に「ぜいたくしていないのに、お金がない」という状況を生み出してしまうのです。

　お金を細かくラベリングすることで、ツメの甘さがなくなります。月の食費はどのくらいまでならかけても大丈夫か、服や肌着には年間いくらかけられるか──。収入に見合った「身の丈」の生活サイズを理解でき、必要な支出は先に取り分けておけます。次第に、「ぜいたくしていないのに、どうして？」というモヤモヤとは無縁の生活になるはずです。

橋本家の「紙1枚やりくり表」

る家計管理とは？

何かを買いたいとき、買ったときには「紙1枚やりくり表」をチェック！

私はふだん、ダイニングテーブルでやりくり表に実績を書き込んだり、予算のやりくりを考えたりしています。スマホを電卓として使うことが多いです。
子どもとこの表を一緒に見ながら話すこともあります。

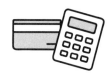

折りたたんでいつも持ち歩いている手帳の中に……

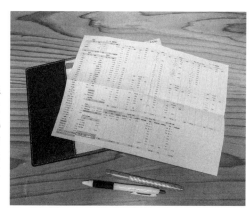

「紙1枚やりくり表」は、手帳カバーのポケット部分に入れていつも持ち歩いています。お買い物の前はもちろん、ふとしたときに眺めて、予算を意識するようにしています。

書き出せば、不安は減って
安心が増える

　紙1枚やりくり表を書き終えると、自分のお金の使い方が「まる見え」になります。こんなにお金が必要なのかと気持ちが引き締まる一方で、不思議とスッキリした気持ちにもなるはずです。理由は、何にいくら使えるか、いちいち考えなくてもよくなり、この表の通りにお金を使っていけば、貯蓄を守れるとわかるからです。

　私がこの表をつくって最初に感じたのは、「我が家はこれで、大丈夫！」という安心感でした。少なくとも、今の収入で我が家にとって必要なものはすべて買えるし、貯蓄もできるとわかったからです。

　実際にこの表を使っていくと、すぐ実感されると思いますが、急な出費に慌てることがなくなり、すべての支出が「想定の範囲内」に収まっていきます。もちろん、生活していれば想定外のことも起きますが、その場合も、この表があれば家計全体をすぐに見渡せるので、どこを削って調整すればいいか検討でき、落ち着いて対処できます。

　おかげで、私は紙1枚やりくり表をつくってから5年以上経ちますが、お金にまったく疲れなくなりました。決してぜいたくな暮らしではありませんが、家族8人が不満を抱えることな

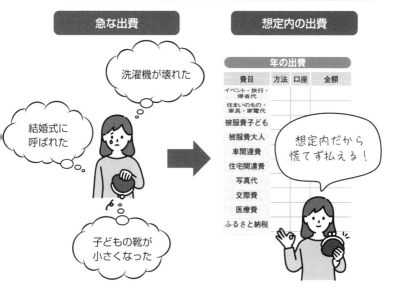

く、穏やかな毎日を送れているのは、この紙1枚やりくり表の
おかげだと自負しています。

「子どもを大学まで進学させられるかな?」「老後の資金は足
りるのかな?」と漠然とした不安を抱えている方も、この紙1
枚やりくり表をつくって見通しを立てることで、モヤモヤから
解放されて、安心してお金を使えるようになるでしょう。

　紙1枚やりくり表を使った家計管理では、先にお金の使い道
を決めるため、お金を使うことに対する不安や罪悪感がなくな
ります。そうすると、お金に関する判断がラクになり、家計管
理に対する負担感がぐんと軽くなるのです。

先に決めてしまえば、
無駄がない

　ここまでお読みになって気づかれた方も多いと思いますが、紙1枚やりくり表を使った家計管理は、先にお金の使い方をすべて決めてしまうお金の管理の方法です。家計簿は、お金を使ったあとに書いて改善方法を考える方法なので、まったく逆ですね。

　家計簿は、何にいくら使ったか細かい支出の把握に役立ちます。何が無駄だったか、振り返りをするのにも便利です。ですが、あとからいくら考えても、使ってしまったお金は戻ってきません。無駄な支出をなくすなら、先に使い方を考え、その通りに使う意識を持つほうが効率的ではないでしょうか。

　紙1枚やりくり表を書き、いったん仮にでもお金の使い道を決めておけば、迷ったときの判断基準になります。使い道は、一度決めたら変更してはいけないというルールはありません。子どもが増えた、習い事をやめた、転職で収入が増えたなど、家計が変わるタイミングでアップデートし、そのときの自分に合う予算に組み替えていけばよいのです。

　家計簿は、向き不向きがありますが、この紙1枚やりくり表が向かない人というのはほとんどいません。むしろ、家計を俯瞰してとらえられるという点で、誰もが持っておいて損はない表だと断言できます。

家計簿と紙1枚やりくり表の違い

	家計簿	紙1枚やりくり表
お金を確認する タイミング	お金を使ったあと	お金を使う前
書くタイミング	支出があるたび	1年に1回程度 （必要なときのみ）
細かい支出	確認できる	確認できない
節約方法	何が無駄だったか 振り返る	先に予算を決めて それを守る

ラクに短時間で管理できて、
家計の全体像が見えればOKなら、
紙1枚やりくり表がおすすめです！

夫婦で冷静にお金について
話し合える

　紙1枚やりくり表は、自分たちのお金の使い道を一覧にしたものなので、家族と家計を共有しやすいのもメリットです。我が家も子どもたちが成長し、支出が増えたときは、夫婦でこの表を見ながら、その分のお金をどこから捻出するか検討します。

　先日も子どもの習い事代が上がったので、夫とどこを削って調整するか相談しました。これまで、夫のヘアカット代は小遣いとは別予算にしていたのですが、夫から「小遣いの中でやりくりするからいいよ」と申し出てくれ、年間で5万円ほど調整することができました（ありがとう！）。

　ご夫婦で私のところに相談に来られる方の中でも、この表をつくることでご主人がどんどん協力的になっていくケースがよくあります。多くの場合、奥さんのほうが家計を心配して相談に来られるのですが、この表をつくるとご主人のほうが「このままではまずい」と危機感を覚え、家計改善に前向きに取り組んでくださることが多いのです。これは、紙1枚で家計全体を見られるので、家計に関心がなかった人でも現状を理解しやすいからだと思います。

　「お金の話をするとケンカになる」というご夫婦も多いので

すが、その原因はだいたい「家計が苦しいからなんとかしてよ」「俺の稼ぎが少ないって言いたいのか」と、感情的になってしまうことにあります。紙1枚やりくり表は、数字がはっきり見えるので、客観的にならざるを得ず、冷静に話し合えるのがいいところです。

紙1枚やりくり表があれば
何にいくらかかるか
年間収支はどうなるか
すべて見えるね！

紙1枚やりくり表で、
パパがコンビニ通いをやめた

　家計相談に来られた、ある共働きのご夫婦。お子さんが2人いらっしゃって、下の子はまだ生まれたばかりでしたが、「いずれ2人とも中学受験をさせたいので、教育費の準備をしたい」とのことでした。

　パパは会社員で、ギャンブルやお金のかかる趣味はなし。ママも正社員で世帯収入は十分あります。しかし、パパが支出にはややルーズで、毎日のようにコンビニに通ったり、何の相談もなく勝手に旅行を予約したりする点が、ママは気になっていたようです。

　さっそく、紙1枚やりくり表を書いてもらうと、赤字でこそありませんでしたが、共働きにしては貯蓄が少ないことが判明。これでは中学から私立に通わせるのは厳しいと気づかれました。すると、その瞬間にパパがガラリと変わったのです。

　まず、コンビニ通いをきっぱりやめ、旅行も行きたい場所からふらっと決めるのではなく、やりくり表に書いた予算の中で考えるようになりました。貯蓄を捻出するために削れるところは削ろうと、積極的に家計改善に乗り出してくれたのでした。

　パパいわく、「やりくり表がなかった頃は、1000円ぐらいの出費は軽く考えていた。でも、全体から見れば毎日コンビニで1000円使っていたら、とんでもない金額になるとわかって、コンビニには行かなくなりました」とのこと。やりくり表を書

コンビニでのお金は必要？　不要？

500円のコーヒーを平日の5日間毎日買ったら…

1週間
2500円
↓
1か月
1万円

☑ **ラテマネー**

アメリカの資産アドバイザーであるデヴィット・バックが定義した、無意識のうちに使ってしまう少額のお金のこと。その名の通りカフェでのコーヒー代や、コンビニのお弁当やお菓子代、自動販売機の飲み物代、ATMの手数料などを指す。

ラテマネーを節約すれば家計改善につながるのでおすすめです。でも、「仕事へのやる気につながる」など自分にとって大切なものであれば、なくさなくても大丈夫。その代わり、あらかじめ予算を確保したり、お小遣いでやりくりしましょう

いたことで、日々の支出が家計に与える影響を実感することができ、意識が変わったのでした。

　もともと収入がある夫婦だったので、ルーズな支出をなくした現在は、貯蓄が倍増。2人のお子さんが中学受験をしても心配のない家計に近づいています。

子どもの金銭教育に役立つ

　我が家では、子どもたちとも、紙1枚やりくり表を見ながら相談することがよくあります。女の子はどうしても、クラスで流行っている文房具や洋服をほしがりますし、その気持ちもわかります。そんなときは母親である私と交渉です。

　我が家には、「代償の法則」というルールがあります。これは「こっちを買うなら、こっちは我慢」という、ほしいものを買いたいときに使うルールです。

　あるとき、次女がクラスの女子の間で流行っていた「フリル付きの靴下がほしい」とせがんできました。私は「いいよ」と答え、紙1枚やりくり表を見せ、「靴下の予算はこれしかないから、フリルの靴下を買うとオーバーするの。ほかを削らないといけないけど、どうする？」と尋ねました。すると次女は、「服は新しく買わなくていい」と自分で優先順位をつけました。

　私は予算を守れるし、本人の意見を尊重したうえでお金を動かせるので、何の問題もありません。次女はうれしそうにフリルの靴下を履いて学校に行きました。

　「靴下くらいすぐ買ってあげればいいのに」と思われるかもしれませんが、私は子どもたちにも、使えるお金には限りがあることや、自分の価値観に沿ったお金の使い方の大切さを教え

ていきたいと考えています。何でも買ってあげるより、何にお金をかけたいかを考えて、限りあるお金を生かしていく練習を子どものうちからしてほしい。それが大人になったときに、生きる上で大切なスキルになると思うからです。

　大人になれば、お金で悩むことは必ず出てきます。私自身、大学進学を機に上京してきたとき、自分は一人暮らしでゆとりがないのに、周囲には裕福な友人がいて、経済環境の違いを感じたことが何度もありました。でも、人は人、自分は自分です。人をうらやましく思っても、何も生み出しません。親として、今あるお金を最大限に活用する方法を考える力を育ててあげたいと思っています。

　この表が、よい金銭教育のひとつになっているのではないかなと感じています。

紙1枚やりくり表なら、
子どもでもお金について
考えやすくなります！

一度つくれば、細かい作業は必要ない

　お金が貯まるか貯まらないかは、実は収入が多いか少ないかの問題ではありません。お金が貯まる人と貯まらない人の決定的な違いは、お金を貯めるときに"意志"の力を使っているか、"仕組み"の力を使っているかにあります。

　お金が貯まる人は"仕組み"の力を利用してお金を貯めるので、お金が自然と貯まっていきます。しかし、お金が貯まらない人は"意志"の力で貯めようとします。意志が強くなければお金を貯めることはできません。

　紙1枚やりくり表をつくることで、お金が貯まる仕組みをつくることができます。

　紙1枚やりくり表のいいところは、一度つくってしまえば、あとは年度始めなど家計が変わるときに見直して、アップデートするだけでいい点です。家計簿のように毎日の記録や細かい管理は必要ないので、お金の管理にかける時間や労力を大幅に減らせます。

　我が家のように子どもが6人もいない家庭でも、家事や育児、仕事に追われて余裕がないことがほとんどです。お金のことをちゃんと管理したいと思っても、なかなか手が回りませんし、できたとしても現実的に続けられないことが多いのではないでしょうか。

　ですが、手が回らないからといって、子どもの教育費や老後の資金を放置していいはずはありません。ならば、一度しっかりお金の使い方を考えて整理し、あとはオートモードで貯まっていく仕組みをつくってしまうほうがラクです。家計管理の手間を減らせば、その分、時間にも、心にもゆとりが生まれます。

　私自身も、子どもと向き合える時間と余裕を増やせました。一人のママとして、紙1枚やりくり表を使った家計管理がママたちの笑顔を増やせることにつながったら、こんなにうれしいことはありません。

"仕組み"の力で
しっかり貯めよう！

紙1枚やりくり表で、できないこと

　ここまで、紙1枚やりくり表でできることやメリットをお伝えしてきましたが、デメリットも当然あります。

　繰り返しになりますが、紙1枚やりくり表を使った家計管理は、先にお金の使い方を決める管理法なので、家計簿のように昨日買った食材の内訳や、何が無駄だったかを考える資料にはなりません。細かく家計を把握したい方や、振り返りに重点を置きたい方には、この点はデメリットといえるでしょう。

　また、紙1枚やりくり表では、毎月の電気代やガス代は年間の平均額を書きます。光熱費は季節によって増減があるため、実際の収支が合わない月も出てくることをご承知おきください。

　基本的には、日々の細かい支出より、ときどき発生するイベント代や被服費などをコントロールするための表です。年間で黒字になり、貯蓄を守れる家計をつくることが目的なので、「今の食費を1万円減らしたい」など、細かい改善には向きません。全体を俯瞰し、使う予算は最初から取り分けておき、その中で使う。あとから振り返って改善するのではなく、先に決める思考回路にチェンジする必要があります。

家計簿と紙1枚やりくり表のメリット・デメリット

	家計簿	紙1枚やりくり表
メリット	・細かく家計を把握できる ・お金に対する節約意識が持てる	・いくら使っていいかがわかる ・家族と共有しやすい ・日々の記入は不要でラク ・1回つくればずっと使える ・必要なときにすぐに見直せる
デメリット	・面倒くさい ・記入するのが大変 ・続けるのが難しい ・効果が出るのに時間がかかる	・表をたびたび確認する必要がある ・ややおおざっぱ（細かい改善には向かない） ・最初に表を完成させるまでが少し大変

紙1枚やりくり表は、家計簿が苦手な方におすすめ。普段は表を見てお金を使うだけなので、手間いらず！

Section 10

目的は、人生を希望する方向へ運ぶこと

　紙1枚やりくり表にしても、家計簿にしても、そもそもなぜ、家計管理をする必要があるのでしょうか。

「お金をもっと貯めたいから」

「節約しないとやっていけないから」

「将来がなんとなく不安だから」

　もちろん、そうした思いがきっかけで家計管理に取り組むことは間違いではありません。しかし、家計管理の本質的な目的は別にあることを忘れないでほしいのです。

　家計を管理するそもそもの目的は、自分や家族が今も未来も幸せに生きていけるようにすることです。紙1枚やりくり表を使った家計管理は、毎日、お金を気にすることなくすごし、やりたいことや叶えたいことに向かって、前向きに進んでいくためのツールです。そのことを忘れてしまうと、あやしい儲け話に引っかかったり、極端な節約で体調を崩したりします。

　まずは、「自分はお金を貯めて何をしたいのか」を、じっくり考えてみることが、とても大切です。

家計管理を成功させるコツ

\ Bad! /

節約しなきゃ

ローンは…

教育費って…

老後が不安

> 漠然とした不安だけを理由に家計管理を始めると毎日の生活に不満が出てくる場合も…

\ Good! /

子どもを私立に
通わせたい

年2回は
帰省したい

2年に一度は
海外旅行したい

キャンピングカーを
買いたい

> 今も未来も幸せに生きるために家計管理をする、という意識を持つと◎

家計管理は、
人生の納得度を上げる

　現在は、以前と比べて家計管理を行なうことの重要性が高まっています。なぜなら、昔のように何もしなくても収入が上がる時代ではなくなったからです。賃金は横ばいなのに物価は上昇し続け、税金や社会保険料もじわじわと上がっています。コロナ禍でたくさんの助成金が出されましたが、いずれどこかで、国は増税などで回収に入るはずです。つまり、この先も手元で使えるお金は、目減りしていくと思っていたほうがいいでしょう。

　一方で、世の中はどんどん豊かになり、ほしいものや子どもの教育の進路など、人生の選択肢は増えています。そのような時代の中で、「なんとかなるでしょ」とお金を管理せずに使っていては、やりたいことや叶えたいことができたときに、どうなるでしょうか。お金がないからとあきらめることになり、一生懸命働いても、なんとなく満たされない気持ちで人生を送ることになってしまいます。

　使えるお金には限りがあります。そのお金でいかに幸せな今と未来を買うか。そのための家計管理なのです。ですから、取り組む前にはぜひ、ご自身で叶えたいことや目標について、しっかり考えてほしいと思います。

　自分はどんな人生を歩んでいきたいのか。何にお金をかけた

紙1枚やりくり表の使い方

①収入を把握する

②月の出費、年の出費を予算化する

③貯蓄と保険の金額を決める

④紙1枚やりくり表を記入する

⑤お金を使う前に紙1枚やりくり表を確認する

⑥必要に応じて予算を見直す

⑦目的のためにお金を使う！

どんなことにお金を使いたいのか、目的を持って家計管理をしよう！

いのか。自分の幸せのものさしですので、人と比べる必要はまったくありません。

　日々の支出を見ていると、どうしても削ることばかり考えてしまいがちです。ときにストレスが爆発しそうになることもあるでしょう。そんなときはぜひ、「そもそも、私はどうしてこれを頑張っているんだっけ？」と、原点に立ち返ってみてください。目標が明確ならば、きっとモチベーションを立て直せるはずです。

　さて、それでは紙１枚やりくり表がどんなものか理解できたところで、実際に書いてみましょう。第２章からは、「紙１枚家計管理」の実践に入っていきます。ぜひ、巻頭の紙１枚やりくり表をコピーして、あるいは、ダウンロードのうえプリントアウトして、お手元に置きながら読み進んでください。

第 **2** 章

紙1枚やりくり表を
書いてみる

紙1枚やりくり表の
5つのポイント

　本章では、実際に「紙1枚やりくり表」を書いてみます。表を見て、「こんなに書くの!?」と驚かれた方も多いと思いますが、書き方自体は難しくありません。特に、次の5つのポイントを理解しておけば、よりスムーズに書けますので、ご一読のうえ実際に書いてみてください。

■■ ポイント1　どんな家計でも、お金の流れは4つだけ

　収入が多くても少なくても、子どもがいてもいなくても、お金の流れは基本的には次の4つに分類できます。

- 収入
- 月の出費
- 年の出費
- 貯蓄

　入ってくるお金、出ていくお金（2種類）、貯める＆備えるお金です。紙1枚やりくり表も、この4つの流れに沿ってつくられており、書く順序もこの順番となります。年の出費は、細かく把握していただきたいので、「内訳」を書く欄を設定していますが、基本的にはお金の流れは4つと覚えておいてください。

■ ポイント2 重要なのは、正確さよりもモレのなさ

　金額は、1円単位で書く必要はなく、ざっくりでかまいません。千円単位でも十分です。むしろ大事なのは、モレなく書くこと。この「モレなく」というのが実は難しく、家計簿を細かくつけている人でない限り、ときどきしかない出費にどんなものがあるのか、そしてそれはいくらなのかを思い出すのは至難の技です。

　そこで本書では、あらかじめどの家庭にもありそうな出費を紙1枚やりくり表に網羅しておきました。まずはこの費目を埋めてみて、関連費目があれば、随時書き足してください。

　なお、巻頭に付録としてお付けした「紙1枚やりくり表」は、子育て中のファミリー世帯を想定しています。夫婦のみ、シンママ＆シンパパ、独身の方も基本的には同じですが、使わない費目も多いかもしれません。その場合は、Excel版をダウンロードのうえ、不要な費用を削除してご使用ください。

　ダウンロードの方法については、198ページをご参照ください。

■ ポイント3 浪費も衝動買いも予算化する

　書く際は、「どうしても無駄遣いしてしまうもの」も排除せず、あえて予算化してください。たとえば、「夫がゲームの課金をやめてくれない」「どうしても年に5回は洋服を衝動買いしてしまう」など、コントロールできない出費は「どうせ使ってしまうのだから」と割りきり、予算として取ってしまうのです。ゲームの課金なら月の出費、洋服の衝動買いなら年の出費に該当します。

将来のために必要なお金さえ貯めていれば、お金の使い方はその人の自由。どうしてもやめられないものは予算として取り、ほかの出費を調整すればよいだけです。実際、私は数か月に1回、洋服を10万円以上衝動買いしてしまう女性の家計相談を受けていたのですが、何をアドバイスしても衝動買いをやめられませんでした。衝動買いは彼女の個性のひとつなのだと割りきり、衝動買い用の予算をあらかじめ確保したところ、逆に出費が落ち着いて家計管理がうまくいくようになったというケースもあります。

■ ポイント4 優先順位をつけてみる

　紙1枚やりくり表を書き終わると、自分が使っているお金を一覧で見ることができます。おそらく、「必要なものを買うだけで、けっこうかかるな……」ということを実感されると思いますが、大事なのはその次です。自分にとって絶対に削れない費目は何か、逆に削りたい費目は何か、ここを考えましょう。

　紙1枚やりくり表を書く目的は、自分が希望する暮らし、叶えたい将来を手に入れることです。お金の使い方として、自分が「いいな」と思える方向に向かっているかどうかを、常に意識して表を眺める習慣を持ってください。

■ ポイント5 最初から完璧を目指さない

　洋服に年間どのぐらい使っているか、サッと答えられる人は少ないと思います。その場合は、「このくらいは使いたい」と、

自分の理想金額を書いてもけっこうです。収入に対し、赤字にさえなっていなければよいので、最初はある意味、都合のいい表になってもかまいません。

　大事なのは、いったん仮の金額でもいいので埋めてみること。書き込んだ額で実際に生活し、自分の価値観に合わないものは削ったり、予算が苦しいところは増やしたりして調整していけば大丈夫です。最初から完璧を目指す必要はまったくありません。2〜3か月かけて完成させるつもりでいるのがおすすめです。

　実際、最初は表と現実のギャップに苦しんでも、3か月ほど経てば落ち着きます。その先は、みなさんラクに継続できていきますので、のんびり取り組む気持ちで始めてくださいね。

　48、49ページは、年収およそ400万円（手取り300万円）で、幼稚園児の子どもがいる夫婦の「紙1枚やりくり表」の記入例です。本章では、こちらをもとに書き方を説明していきます。

紙1枚やりくり表の5つのポイント

〈年収およそ400万円・夫婦＋幼稚園児1人世帯の例〉

ポイント1
どんな家計でも、お金の流れは4つだけ

月の収入

	口座	金額
パパ	みずほ	200,000
ママ		
児童手当	楽天	10,000
合計	A	210,000

ボーナス・臨時収入

	口座	金額
パパ	UFJ	600,000
ママ		
合計	B	600,000

月の出費

費目	方法	口座	金額
食材	カ	み	25,000
仕事昼食			
外食	カ	み	5,000
日用品	カ	み	10,000
ペット			
美容・健康			
医療費			
住居費	引	み	60,000
水道代	カ	み	2,000
電気代	カ	み	7,000
ガス代	カ	み	7,000
スマホ・ネット	カ	み	11,600
サブスク			
新聞・受信料	カ	み	2,400
クリーニング代			
交通費	カ	み	4,000
車関連費			
学校関連			
保育関連	引	ゆ	5,000
学童			
文房具・学用品・書籍	現	み	1,000
大人習い事			
子ども習い事	引	ゆ	7,000
レジャー費	カ	み	5,000
パパ小遣い	現	み	15,000
ママ小遣い	現	み	5,000
子ども小遣い			
ローン・奨学金			
社保・税金			
予備費	現	み	2,000
生命保険(掛捨)	カ	み	6,000
生命保険(貯蓄)	カ	み	10,000
NISA・iDeCo	引	み	10,000
先取り貯蓄	引	み	10,000
合計	C		210,000
月収支(A-C)	D		0

年の出費

費目	方法	口座	金額
イベント・旅行・帰省代	カ	U	153,000
住まいのもの・家具・家電代	カ	U	40,000
被服費(子ども)	現	U	57,000
被服費(大人)	現	U	80,000
歯間連費			
住居関連費	引	U	60,000
写真代	引	U	12,000
交際費	引	U	36,000
医療費	現	U	30,000
ふるさと納税	カ	U	30,000
年会費	カ	U	6,000
受信料(NHK)			
社保(国保・年金)			
税金			
学費			
予備費	現	U	6,000
生命保険(掛捨)			
生命保険(貯蓄)			
NISA・iDeCo			
先取り貯蓄	振	U	90,000
合計	E		600,000

年間収支

年間収入合計	A×12+B	F	3,120,000
年間支出合計	C×12+E	G	3,120,000
年間収支 (F-G)	H		0

支払い方法別集計

方法	口座	金額
現金合計	みずほ	23,000
カード合計	みずほ	95,000
電子マネー合計		
引落し合計	みずほ	80,000
引落し合計	ゆうちょ	12,000
合計		210,000
年間貯蓄額 (※合計)		450,000

イベント・旅行・帰省代

内容	予算	実績
春休み	5,000	
GW	5,000	
夏休み	10,000	
冬休み	5,000	
パパ誕生日	2,000	
ママ誕生日	2,000	
第一子誕生日	2,000	
第二子誕生日		
第三子誕生日		
祖母誕生日	2,000	
祖母誕生日	2,000	
祖父誕生日	2,000	
祖父誕生日	2,000	
父の日	4,000	
母の日	4,000	
こどもの日	2,000	
運動会	2,000	
ハロウィン	2,000	
クリスマス	3,000	
お正月	10,000	
バレンタイン	2,000	
ひな祭り	2,000	
発表会	2,000	
帰省	30,000	
旅行	50,000	
入学・卒業		
合計	153,000	

住まいのもの・家具・家電代

内容	予算	実績
タオル	3,000	
マット類	3,000	
スリッパ	2,000	
シーツ・枕カバー	5,000	
布団メンテナンス含	5,000	
キッチン用品	3,000	
弁当箱・水筒	3,000	
収納・カバー	3,000	
暑さ・寒さ対策グッズ	5,000	
カーペット防寒対策	3,000	
家具		
家電		
ガーデニング		
自転車メンテナンス含		
PC関係		
雑貨	5,000	
合計	40,000	

生命保険 (掛捨)

名称	目的	年間保険料
死亡保障	遺族の生活	36,000
医療	入院	36,000
合計		72,000

生命保険 (貯蓄)

金融商品名	目的	年間保険料
学資保険	学費(第一子)	60,000
	学費(第二子)	
	学費(第三子)	
	住宅	
個人年金	老後	60,000
	車	
	家電	
	旅行	
	将来	
合計		120,000

ポイント5
最初から完璧を目指さない

ポイント3
（被服費など）浪費も
衝動買いも予算化する

ポイント2
重要なのは、
正確さよりモレのなさ

ポイント4
優先順位を
つけてみる

被服費（大人）

内容	予算	実績
パパ仕事 服・靴・その他	20,000	
パパ普段 服・靴・その他	20,000	
パパ特別 服・靴・その他		
パパスポーツ	20,000	
ママ仕事 服・靴・その他		
ママ普段 服・靴・その他	10,000	
ママ特別 服・靴・その他		
ママスポーツ	10,000	
合計	80,000	

写真代

内容	予算	実績
遠足	3,000	
夏祭り	3,000	
運動会	3,000	
お遊戯会	3,000	
合計	12,000	

ふるさと納税

内容	予算	実績
米	30,000	
合計	30,000	

車関連費

内容	予算	実績
保険料		
税金		
車検		
タイヤ		
メンテナンス		
合計		

交際費

内容	予算	実績
結婚式	30,000	
香典	3,000	
お祝い	3,000	
お中元・お歳暮		
年賀状		
合計	36,000	

年会費

内容	予算	実績
クレカ		
サブスク		
町内会費	1,500	
所属団体会費	4,500	
合計	6,000	

住宅関連費

内容	予算	実績
固定資産税		
保険料		
更新料	60,000	
合計	60,000	

医療費

内容	予算	実績
健診	10,000	
予防接種	15,000	
検診		
受診	5,000	
合計	30,000	

iDeCo（貯蓄）

目的	年間積立額
第一子	
第二子	
第三子	
住宅	
老後	60,000
車	
家電	
旅行	
将来	60,000
	120,000

先取り貯蓄（貯蓄）

金融商品名	目的	年間貯蓄額
楽天銀行	学費（第一子）	120,000
	学費（第二子）	
	学費（第三子）	
	住宅	
	老後	
	車	
	家電	
	旅行	
楽天銀行	将来	90,000
合計		210,000

--- MEMO ---

★スマホ → パパ 3,600円、ママ 3,000円
★ネット → 5,000円
★美容院代は各自お小遣いから
★みずほから ゆうちょ（学費用）に資金
　移動するのを忘れずに

まずは思ったままに
書いてみてください。
第3章で改善策を考えます

紙1枚やりくり表を書いてみる

　では、さっそく紙1枚やりくり表を書いてみましょう。繰り返しになりますが、金額がわからないものは「このくらいは必要かな」という希望額でかまいません。いったん書き上げることが先決。調整はあとからしていきましょう。

　「今まで家計簿をつけたことがないのでわからない」「いくらかかるか見当がつかない」というように金額に迷ったら、家族構成と年収別の予算の目安表を190〜197ページに掲載していますので、そちらを参考にしてみてください。ここでは、前述した通り、最も費目が多い子どもがいるファミリー世帯（年収およそ400万円・夫婦＋幼稚園児1人世帯）を例に、各費目の書き方について紹介していきます（48、49ページ参照）。

　あくまでも目標は「ひとまず埋めてみること」。金額の正確さより、モレがないことが重要です。クレジットカードの明細や通帳、給与明細、スマホの料金表など、収入や支出がわかる資料が用意できたら、さっそく収入から書いていきましょう。

Section 03

ステップ1

収入を書く

収入は、「月の収入」と「ボーナス・臨時収入」を書きます。共働きの場合は、夫と妻、それぞれ分けて書いてください。金額だけでなく、給料が振り込まれる「口座」も書きましょう。どの口座から何の費用が支払われているか把握するために、みずほ銀行なら「み」、ゆうちょ銀行なら「ゆ」のように記入します。後ほど、口座とカードの整理で役立ちます（第4章参照）。

金額は、実際に振り込まれる手取りでかまいません。ただし、財形貯蓄など天引きされている貯蓄があれば、その金額は収入に足してください。

児童手当を受け取っている人は、1か月あたりの金額を記入します。なお、児童手当は、2023年12月現在、3歳未満は1人1万5000円、3歳以降小学校修了前は1万円（第3子以降は1万5000円）、中学生は1万円です。2024年度から高校を卒業する年までに延長される予定です。

臨時収入は、入ってくることがわかっているものを書きます。たとえば、年末調整で戻ってくる還付金や、株の配当金などです。たまたま何かのお祝いやご褒美などでいただくお金などは、予測できないのでここには書きません。

書けたら、月の収入、ボーナス・臨時収入について、それぞれの合計額（A）と（B）を記入します。

ステップ2

月の出費を書く

　次は、「月の出費」を書いていきます。食費は「食材」「仕事のランチ」「外食」と分けて書きます。スマホ・ネットや動画、音楽配信のサブスクリプション、習い事などは、合計だけではなく、できれば内訳も余白にメモしておきましょう。

　支払い方法として現金を使っているものは「現」、クレジットカードは「カ」、電子マネーは「電」、口座から引き落としのものは「引」と、支払い方法も記入します。現金とカードの両方を使う場合は、どちらもメモしておきます。

　支払い方法をメモしておく理由は、実際のやりくりでは、現金や電子マネーなど、支払い方法別に管理していくためです。あとでそれぞれの合計額を出すことで、口座から引き落としになるものは全部でいくらくらいか、現金でどのくらいおろせばいいか、電子マネーはいくらチャージすればいいのかをつかめ、予算とお財布の中身がリンクしやすくなります。

　では、費目について見ていきましょう。

• **食材**

　スーパーなどで購入する、自炊用の食材や食品です。疲れたときに買ってきて食べるお弁当は外食代としてとらえ、食材には入れません。いわゆる肉や魚、野菜、調味料、米などです。

● 仕事昼食

出社時のランチ代です。1回800円程度で週3日外食などをしている場合、ひと月で約1万円です。小遣いからやりくりしている場合は、特に書かなくてもOKです。

● 外食

外食やテイクアウトしたお弁当、ファーストフード、あるいはデリバリーを頼むといったものです。

我が家は、コンビニ代も外食に含めています。月に何回ぐらい外食しているか、テイクアウトを使っているかを思い出し、おおよその目安で書きましょう。

● 日用品

洗剤やシャンプーなどの消耗品類です。在庫を見て、1か月の間に買っているものを考えて予算化します。

● ペット

ペットのえさやトイレ用品など、月々かかるものはここに書きます。

● 美容・健康

基本的には美容院代です。これも、「仕事昼食」と同様に、個人の小遣いでまかなっている場合は(我が家もそうです)、スキップしてかまいません。

独身の方は、ネイルやヘアカラー、コスメなども美容代としてカウントします。家族がいる方は、個人的な美容費は小遣い

で計上するようにしてください。

　健康代は、毎月買っている健康食品やサプリ、体調管理に必要な整体やマッサージ代などが該当します。これも、たとえば夫婦で疲労回復のために飲むサプリや、子どもにも与えられる肝油などは、健康代として予算を取ってかまいませんが、パパしか飲まないプロテインなどは、パパの小遣いでまかなってもらうようにしましょう。

　意外と多いのがスマホの月額制のダイエットアプリなど、有料の健康・ダイエット系アプリです。こうしたものを利用している場合も、利用料は個人の小遣いで管理してください。

　ちなみに我が家は、親の美容院代は各自の小遣い、子どもは私がカットしています。健康管理も、毎日の食事を大事にする方針で、特にサプリメントなどは買っていないので、美容・健康の予算は取っていません。

・医療費

　毎月病院や歯科に通っている場合はもちろんですが、特にかかっていない人も月の出費として一定額を取っておきましょう。千円ずつでもプールしておけば、急に風邪をひいたり、ケガをしたときに予算を崩さず乗り切れます。

・住居費

　住宅ローンや家賃など、住宅に毎月かかるお金はここに書きます。マンションの場合は月々支払っている管理費や修繕積立金も忘れずに足して記入しましょう。家具や家電、カーテンの

買い替えなどはここには含めず、年の出費（住まいのもの・家具・家電代）としてカウントします。

● 水道代・電気代・ガス代

水道光熱費は、それぞれ年間の平均額を記入します。少し手間ですが、利用料の控えや、クレジットカードや通帳の明細、電力会社やガス会社のサイトのマイページなどをチェックして算出してみましょう。

毎月変動はありますが、平均額を確保しておけば年間でそれほど大きな増減はないはずです。

● スマホ・ネット

スマホ料金は、家族全員分、ネットは、自宅のWi-Fi、ケーブルテレビ代、プロバイダなど通信費用を出し、合計します。

● サブスク

ネットフリックスやAmazonプライムビデオなど、月払いしている動画や音楽の配信サービス、dマガジンなど雑誌の読み放題サービスなどを利用している場合は、その合計を記入しましょう。余白などに内訳をメモしておくと見返しやすく、便利です。

● 新聞・受信料

新聞の購読料とNHKの受信料などです。それぞれ、月払いにしているものはここに書きます。年払いで契約している場合は、年の出費の欄に記入してください。

- **クリーニング代**

スーツや制服のクリーニング代、お掃除サービスなどを頼んでいる場合は、クリーニング費として予算を取っておきましょう。

- **交通費**

バスや電車の交通費。子どもの通学定期代などはここに書きます。

- **車関連費**

車関連費は、ガソリン代や駐車場代などです。カーシェアリングを使っている場合は月に何回ぐらい利用するかを考えて、予算を取ってください。

- **学校関連**

給食代やPTA会費、修学旅行や林間学校の積立金など、子どもの学校にかかる毎月の費用を書きます。引き落としが多いと思いますので、通帳を見るとわかりやすいでしょう。

- **保育関連**

保育園や幼稚園にかかる費用、給食費など毎月払っているものはここに書きます。

父母会、園のバス代など年間で払うものは、年の出費としてカウントします。ただ、そこまで大きな金額ではない場合、12で割って月の出費として積み立ててもOKです。

• 学童

　小学生のお子さんが学童に通っている場合は、その費用やおやつ代などを記入してください。

• 文房具・学用品・書籍

　消耗品の筆記具やノート、授業で使う絵の具や習字用具などが該当します。年の出費にまとめてもよいのですが、ちょこちょこあるので、私は毎月少しずつ積み立てるようにしています。学校は現金で集金する場合もあるので、封筒で現金管理するのもおすすめです。

　医療費などもそうですが、毎月はないけれど年の出費にするほどでもない細かい出費は、このように月の出費として定額を積み立てて予算をキープしておくと、いざというとき慌てずにサッと払えて便利です。

• 大人習い事、子ども習い事

　大人と子どもの習い事を分けて書きます。習い事ごとの月謝を書いてください。

• レジャー費

　旅行など大きなレジャーではなく、普段の週末のお出かけ代です。小遣いでまかなう場合は、未記入でもかまいません。

• パパ、ママ、子どもの小遣い

　小遣いはなし、はNGです。小遣いをつくらないと、家計から個人がほしいものを買うことになってしまい、いくら予算を

決めてもガタガタに崩れてしまいます。

　むしろ、小遣いを多めにとって、その中で出社時のランチや美容、健康代などをまかなうようにするのもひとつの手。費目を減らすほうが管理もラクです。小遣いについては、100ページで詳しく解説します。

●ローン・奨学金

　住宅以外のローンや分割払いにしているもの、大学の奨学金返済がある場合は、ここに記入します。

●社保（社会保険料）・税金

　フリーランスや自営業者で、国民健康保険料や、国民年金保険料を月払いしている人は、その金額を書きます。年払いにしている人は、年の出費の該当欄に記入してください。

●予備費

　かなり細かく費目を洗い出してはいますが、それでも見通しきれない出費というのはあるものです。ほかの費用から借りてまかなうと、やりくりが大変になりますので、足りないときに使える予備費を予算化しておきましょう。

　目安としては、手取り月収の１％ほどでよいでしょう。やりくりが安定するまでは、目安にとらわれず、5000円、１万円など多めに設定してもかまいません。

　生命保険と貯蓄、NISA・iDeCoについてはあとで書き込みますので、ここではスルーしてけっこうです。

Section 05

ステップ3
月の出費の支払い方法別に合計を出す

52ページで説明した通り、月の出費はそれぞれ「方法」の欄に現金、クレジットカード、電子マネー、銀行口座からの引き落としなど、支払い方法をメモしておきました。月の出費の右下に「月払い方法別集計」という欄がありますので、ここにそれぞれの支払い方法別に合計額を出して記入します。

現金の合計が2万3000円なら、毎月2万3000円を銀行からおろしてきます。前述しましたが、実際のやりくりでは、現金か、カードか引き落としか、支払い方法をベースに管理していくことになります。つまり、この数字を見ながら手元のお金を管理していくわけです。第4章で口座とカードの整理をする際、大事な資料となりますので、きちんと算出しておきましょう。

書				
レジャー費	カ	み	5,000	
パパ小遣い	現	み	15,000	
ママ小遣い	現	み	5,000	
子ども小遣い				
ローン・奨学金				
社保・税金				
予備費	現	み	2,000	
生命保険（掛捨）	カ	み	6,000	
生命保険（貯蓄）	カ	み	10,000	
NISA・iDeCo	引	み	10,000	
先取り貯蓄	引	み	10,000	
合計		C	210,000	
月収支(A-C)		D	0	

年間収支

年間収入合計	A*12+B	F 3,120,000
年間支出合計	C*12+E	G 3,120,000
年間収支 (F-G)		H 0

月支払い方法別集計

方法	口座	金額
現金合計	みずほ	23,000
カード合計	みずほ	95,000
電子マネー合計		
引落し合計	みずほ	80,000
引落し合計	ゆうちょ	12,000
合計		210,000
年間貯蓄額（※合計）450,000		

毎月この金額の現金をおろしてくればOK！

生命保険（掛捨）				生命保険（貯蓄）	
名称	目的	年間保険料	金融商品名	目的	
死亡保障	遺族の生活	36,000	学資保険	学費（第一子）	
医療	入院	36,000		学費（第二子）	
				学費（第三子）	
				住宅	
			個人年金	老後	
				車	
				家電	
				旅行	
				将来	
合計		72,000	合計		

ステップ4

年の出費の内訳を書く

　月の出費を予備費まで書き、支払い方法別の合計も記入したら、次は年の出費の内訳を書いていきましょう。ここが、紙1枚やりくり表で、最も気にしてほしい部分です。出費をいくつかのカテゴリーに分けていますので、書きやすいものから埋めてみてください。

● イベント・旅行・帰省代

　子どもがいる場合、「春休み」「GW」「夏休み」「冬休み」は、レジャー費だけでなく、生活費も上がります。特に食費は増えるので、その分を予算化しておきましょう。この予算があるのとないのとでは、やりくりのしんどさがまったく違ってきます。

　家族の誕生日のお祝い予算も決めておきます。プレゼント、ケーキ、外食などをする場合はその額を見積もっておきましょう。表には子ども誕生日の欄を3つ用意していますが、4人以上いる場合は、余白の欄に記入してください（橋本家は1人あたりの金額が同じなので、まとめて記入しています〔3ページ参照〕）。

　ちなみに、我が家では子どもの誕生日プレゼントは用意せず、家族みんなで集まって食事をするというのが恒例です（プレゼントはクリスマスにサンタさんからだけ）。人数が多いので、

同じ月に両親や祖父母の誕生日が重なったら一緒に祝ったり、3月ならひなまつりも兼ねるなど、なるべくまとめてお祝いするようにしています。

　「父の日」「母の日」のギフト代、「子どもの日」や「運動会」の食事代、「ハロウィン」「クリスマス」「バレンタイン」など、季節のイベント関連費も、あらかじめ予算化しておきましょう。ちょっとしたごちそうや細々したものを買うのに数千円は必要です。予算化しておけば、心置きなく買うことができます。

　「お正月」は年末年始の買い出しや、お年玉などを含めて見積もります。

　習い事の「発表会」がある場合は、参加費のほか、衣装やチケットを買う必要があればその費用を記入しましょう。

　「旅行」や「帰省」は旅費だけでなく、手土産代やお土産代、現地の食事代なども考慮したうえで金額を決めます。なお、水着やスキーウエアなど特別な衣類は、被服費のところで計上するので、ここには記入しなくてかまいません。

　「入学・卒業」は、謝恩会の会費、お世話になった方や子どもの友達へのプレゼントなどにお金がかかります。該当する年は、予算を見積もっておくようにしましょう。スーツ代などは、被服費の「特別服」として計上します。

● 住まいのもの・家具・家電代

　家具の購入や家電の買い替えがある年は、予算を見積もります。忘れずに計上しておきたいのが、細々した住まいのものを購入する費用です。

　「タオル」や「マット類」、「スリッパ」、「シーツ・枕カバー」、「布団（メンテナンス含む）」などは、ひとつずつは大きな額ではないのですが、まとめると数万円単位になります。

　「キッチン用品」や「弁当箱・水筒」、「収納グッズやカバー類」、すだれや断熱シートといった「夏の暑さや冬の寒さ対策グッズ」なども、重なるとけっこうな額です。マンションなどは階下への音を防ぐため、「カーペット・防音対策」なども見積もりましょう。

　ベランダや庭で「ガーデニング」をしている人は、年間費用を見積もります。「自転車」はあまり買い替える頻度は高くないと思いますが、パンクすると修理に数千円かかるので、乗っている人はある程度予算を取っておくといいでしょう。プリンターのインクや紙類など「パソコン関係」の費用もかかります。その他、上記に入らない、ちょっとした「雑貨」などに使うお金も予算を取っておきましょう。

● 被服費（子ども）

　子どもの衣類にかかる費用は、細かく予算を決めておきます。成長とともにサイズアウトしていくため、管理して買わないと

すぐ予算オーバーしてしまうためです。

　下着や靴下まで予算化していきますが、兄弟、姉妹がいる場合はまず一人分の予算を考え、次に子どもの人数で掛け算した額を予算の欄に書くようにしてください。以下、それぞれポイントをお伝えします。

　まず、進学などで「制服」や「体操着」、「部活」のユニフォームなどを買う必要がある年は、数万円の予算が必要になりますので、早めに確保できるよう予算を立てておきます。

　夏、プールの授業が始まると、水着やプールバッグ、着替え用のラップタオルにゴーグルと、細かい出費がかさみます。夏が過ぎると忘れてしまいがちですが、こうしたものも予算化してこそ、安定した貯蓄を守れるので、見積もっておきましょう。

　「上靴」「長靴」「かさ」は、年間を通して一人ひとつが基本です。「靴」と「服」、「パジャマ」「靴下」「下着」は、夏物、冬物、春秋用がそれぞれ必要になるので、予算も分けて書いておきましょう。金額の高い「コート」やフォーマルなどの「特別服」も必要があれば記入します。

　もちろん、お下がりがもらえるなど、買い替え予算が必要ないものもあると思います。臨機応変に予算化してください。

　私が紙1枚やりくり表でよく確認するのが、この子どもの被服費です。かさや靴、服を買う必要が出たときにチラッと見ることで、冷静に選べます。子どもの要望も聞きつつ調整でき、とても便利です。

• 被服費（大人）

　大人の被服費は、「仕事用」と「普段用」、スーツやリゾートウエアなどの「特別用」、「スポーツ用」に分類しています。ワンシーズンいくらと決めるより、用途を分類することで、予算の目安をつけやすくなります。

　普段の生活を考え、必要な枚数はそれぞれどのくらいか、買い替えの必要なものはないかをチェックして割り出していくといいでしょう。バッグや靴の予算も含めておきます。

　スポーツ用は、不要に感じる方もいらっしゃるかもしれませんが、子どもがいる場合、特に運動をしていなくても、運動会や親子遠足、PTAのスポーツ大会などでジャージや運動靴、体育館用シューズなどが必要になるシーンはけっこうあるものです。スキーやスノーボードなどのウィンタースポーツをする方は、そのウエアやグッズ代も見積もります。

　大人の被服費は金額も高くなるので計画的な購入が求められます。靴やスーツなど、定期的な買い替えが必要なものはあまり削れません。全体を考えて予算を割り振っていきましょう。

• 車関連費

　車を所有している人は、「保険料」や「税金」が毎年かかります。「車検」は3年、または2年に1回ですが、毎年積み立てておくとラクです。「タイヤ」も消耗品で何年かごとに買い替える必要がありますので、あわせて積み立てていきましょう。オイル交換などの「メンテナンス」の費用も、ケチらないよう

に先に予算を取っておきます。

● 住宅関連費

　マイホームを持っている方は、毎年、「固定資産税」がかかります。賃貸の方も更新料が2年に一度は必要になるので、1年間で積み立てるべき額を見越しておきましょう。火災保険料や地震保険料も忘れずに書き出します。

● 写真代

　学校や園の行事で、スナップ写真を購入することがあると思います。意外と金額がかさみ、兄弟、姉妹がいる場合、枚数にあまり差をつけるわけにもいきません。写真代は一人年間いくらまで、と決めてもいいですし、運動会はいくら、遠足はいくらと行事ごとに予算を組んでもかまいません。「内容」の欄をわかりやすく活用してください。

　家族のイヤーアルバムや、年に一度記念写真を撮っている場合などは、そうした予算も書くようにしましょう。

● 交際費

　冠婚葬祭のほか、最近は少なくなりましたが「お中元」や「お歳暮」、「年賀状」など、毎年贈答や挨拶にかかっている費用はここに記入します。

　「結婚式」や「お祝い」は予想できても、お葬式は突然のことが多いもの。使わない年もあると思いますが、「お香典代」は念のために取り分けておくと安心です。

• 医療費

　ここには、年に一度の人間ドックなどの「健診」費用や、インフルエンザなどの「予防接種」代などをまとめておきます。風邪などで通う病院の受診料は月々から積み立てるのがおすすめですが、月のやりくりに余裕がなく、ボーナスから取り分けたい人は年の出費としてキープしておいてもかまいません。

• ふるさと納税

　ふるさと納税（103ページ参照）も、一度はお金が支出として出て行くものなので予算化しておくと管理が楽です。返礼品と、寄附する金額を記入します。

• 年会費

　「クレジットカード」やAmazonプライムなど、年払いにしている「サブスク」の料金、「町内会費」、資格や所属している団体の「会費」なども、年に1回かかる固定費です。忘れやすいので、きちんと明記しておきましょう。

　すべて書き終わったら、それぞれのカテゴリーごとに合計金額を出しておきます。

■ 年の出費に転記する

　カテゴリーごとの合計額を出したら、年の出費の該当する欄に転記しましょう。年の出費の内訳になく、年の出費の欄にあるものとして、「受信料（NHK）」「社保（国保・年金）」「学費」があります。受信料、国保、国民年金を年払いしている人はそ

の金額をここに記入してください。子どもが大学や専門学校、または私立に進学している場合、学費は月払いではなく、年に数回の支払いだと思いますので、年間でかかる学費も記入しましょう。

生命保険と貯蓄については、まだここでは記入しなくてもかまいません（次ページ参照）。

ボーナス・臨時収入

	口座	金額
パパ	UFJ	600,000
ママ		
合計	B	600,000

年の出費

費目	方法	口座	金額
イベント・旅行・帰省代	カ	U	153,000
住まいのもの・家具・家電代	カ	U	40,000
被服費（子ども）	現	U	57,000
被服費（大人）	現	U	80,000
車関連費			
住宅関連費	引	U	60,000
写真代	引	U	12,000
交際費	現	U	36,000
医療費	現	U	30,000
ふるさと納税	カ	U	30,000
年会費	カ	U	6,000
受信料（NHK）			
社保（国保・年金）			
税金			
学費			
予備費	現	U	6,000
生命保険（掛捨）			
生命保険（貯蓄）			
NISA・iDeCo			
先取り貯蓄	振	U	90,000
合計		E	600,000

イベント・旅行・帰省代

内容	予算	実績
春休み	5,000	
GW	5,000	
夏休み	10,000	
冬休み	5,000	
パパ誕生日	2,000	
ママ誕生日	2,000	
祖●子誕生日	2,000	
第一子誕生日		
第二子誕生日		
祖母誕生日	2,000	
祖母誕生日	2,000	
祖父誕生日	2,000	
祖父誕生日	2,000	
父の日	4,000	
母の日	4,000	
こどもの日	2,000	
運動会	2,000	
ハロウィン	2,000	
クリスマス	3,000	
お正月	10,000	
バレンタイン	3,000	
ひな祭り	2,000	
発表会	2,000	
帰省	30,000	
旅行	50,000	
入学・卒業		
合計	153,000	

住まいのもの・家具・家電代

内容	予算	実績
タオル	3,000	
マット類	3,000	
スリッパ	2,000	
シーツ・枕カバー	5,000	
布団メンテナンス含	5,000	
キッチン用品	3,000	
弁当箱・水筒	3,000	
収納・カバー	3,000	
暑さ・寒さ対策グッズ	5,000	
カーペット防寒対策	3,000	
家具		
家電		
ガーデニング		
自転車メンテナンス含		
PC関係		
雑貨	5,000	
合計	40,000	

被服費（子...）

内容	予算
制服 円×	
体操着 円×	
プール関係 3000円×/	3,00
部活・スポーツ 円×	
上靴 1000円×1	1,000
長靴 1000円×1	1,00
かさ 1000円×1	1,000
春秋靴 2500円×1	2,500
春秋靴下 250円×4	1,00
春秋パジャマ 1000円×2	2,000
春秋下着 750円×4	3,000
春秋服 1000円×5	5,0
夏靴 2500円×1	2,500
夏靴下 250円×4	1,000
夏パジャマ 1000円×2	2,0
夏下着 750円×4	3,000
夏服 1000円×5	5,000
冬靴 250円×1	2,5
冬靴下 250円×4	1,000
冬パジャマ 1000円×2	2,000
冬下着 750円×4	3,0
冬服 1000円×5	5,000
冬コート 3500円×1	3,500
子ども特別服 7000円×1	7,0
合計	57,00

それぞれ転記する

ステップ5
生命保険（掛捨＆貯蓄）を書く

　年の出費の内訳を書き終えたら、保険についてまとめていきます。ここに書く保険は、生命保険、医療保険、損害保険などです。火災保険などは、先ほど住宅関連費のところで記入していますので、ダブって書かないように注意します。

　自分や家族の加入状況を調べ、「掛捨」と「貯蓄」の2種類に分けて書いていきましょう。

　それぞれの保険の名称と目的、年間保険料を記入します。月払いのものは12か月分を記入します。目的は、掛捨なら「医療」や「がん」「死亡保障」など。貯蓄については、目的が何かをはっきりさせておくのがおすすめです。

　ダウンロードできる「紙1枚やりくり表」にはよくあるものを記入しておきました。個人年金保険は老後のためなど自分がわかるメモでかまいません。加入したときには理解していても、時間が経つと何のために加入した保険か、わからなくなってしまう人が多いので、あとで見てわかるように記入しておきましょう。

　一覧にまとめておくことで、保険の見直しに役立てたり、いざというときの保険金の申請モレも防げます。

死亡保障 → 月額3,000円×12か月
　　　　　　=36,000円
医　療　 → 月額3,000円×12か月
　　　　　　=36,000円

生命保険（掛捨）			生命保険（貯蓄）			
名称	目的	年間保険料	金融商品名	目的	年間保険料	金
死亡保障	遺族の生活	36,000	学資保険	学費(第一子)	60,000	
医療	入院	36,000		学費(第二子)		
				学費(第三子)		
				住宅		
			個人年金	老後	60,000	
				車		
				家電		
				旅行		
				将来		
合計		72,000	合計※		120,000	

学資保険 → 月額5,000円×12か月
　　　　　　=60,000円

Section
08

ステップ6

NISA・iDeCoの投資額を書く

　NISAやiDeCoに加入している場合は、積み立て、または一括で購入する金融商品名（投資信託などの商品名）と金額を書きます。教育費や老後、あるいは車の買い替えや旅行代など、該当する「目的」のところに記入しましょう。

料	NISA・iDeCo（貯蓄）		
	金融商品名	目的	年間積立額
○		学費（第一子）	
		学費（第二子）	
		学費（第三子）	
		住宅	
○○	iDeCo	老後	60,000
		車	
		家電	
		旅行	
	NISA	将来	60,000
○	合計※		120,000

何のために貯めているお金かがわかるようにするのがポイントです！

Section 09

ステップ7

貯蓄を書いて合計を算出する

　銀行や財形などで先取りして積み立てている貯蓄があれば、NISA・iDeCoと同じように、金融商品名と年間貯蓄額を記入しておきます。毎月、確実に先取りで貯めているものだけでけっこうです。

　貯蓄用の保険、NISA・iDeCo、貯蓄をすべて書き終えたら、「年間貯蓄額（※合計)」の欄に記入します。ここで現在、年間どのぐらい貯められているか確認しましょう。

年間収支

年間収入合計	A*12+B	F ₃ 120,000
年間支出合計	C*12+E	G ₂ 120,000
年間収支 (F-G)	H	0

月支払い方法別集計

方法	口座	金額
現金合計	みずほ	23,000
カード合計	みずほ	95,000
電子マネー合計		
引落し合計	みずほ	80,000
引落し合計	ゆうちょ	12,000
合計		210,000
年間貯蓄額（※合計)		450,000

掛捨の分は
合計に加えない
ように注意!

生命保険（掛捨)			生命保険（貯蓄)			NISA・iDeCo（貯蓄)			先取り貯蓄（貯蓄)		
名称	目的	年間保険料	金融商品名	目的	年間保険料	金融商品名	目的	年間積立額	金融商品名	目的	年間貯蓄額
死亡保障	遺族の生活	36,000	学資保険	学費(第一子)	60,000		学費(第一子)		楽天銀行	学費(第一子)	120,000
医療	入院	36,000		学費(第二子)			学費(第二子)			学費(第二子)	
				学費(第三子)			学費(第三子)			学費(第三子)	
				住宅			住宅			住宅	
年金	老後	60,000	iDeCo	老後	60,000		老後			老後	
				車			車			車	
				家電			家電			家電	
				旅行			旅行			旅行	
				将来	NISA	将来	60,000	楽天銀行	将来	90,000
合計		72,000	合計※		120,000	合計※		120,000	合計※		210,000

※が付いている「合計」を
足して記入します

貯蓄と保険の金額を
月の出費、年の出費に転記する

　月の出費の欄に戻ります。下のほうに「生命保険（掛捨）」「生命保険（貯蓄）」「NISA・iDeCo」「先取り貯蓄」の欄がありますので、それぞれ毎月払っている金額の合計を書きます。

　年の出費の欄にも同じ項目がありますので、年払いで払っている金額を記入しましょう。ここに合計額を書かないように注意してください。

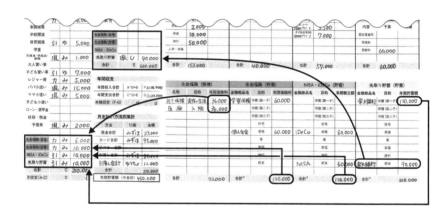

72

ステップ9

Section 11　月の収支と年の収支を算出する

月の収支を算出する

貯蓄や保険の転記が終わったら、月の出費（「食材」から「先取貯蓄」まで）の合計（C）を出します。

この合計（C）を出したら、収入欄の月の収入の合計額（A）から引き算して、月の収支（D）を出します（D＝A－C）。ここが黒字ならOKです。

もし、赤字なら見直す必要があるということですが、いったんそのままにし、次へ進んでください。

年の収支を算出する

年の出費（「イベント・旅行・帰省代」から「予備費」まで）の合計（E）を出します。

次に、年間の収入の合計を出します。月の収入（A）を12倍した額と、ボーナスや臨時収入の合計額（B）を足し算した金額（F）を求めましょう。

そして、年間支出の合計を計算します。月の出費の合計額（C）を12倍した額と、算出した年の出費の合計額（E）を足した金額（G）を求めます。

年間の収入計（F）から年間の支出計（G）を引き算し、年

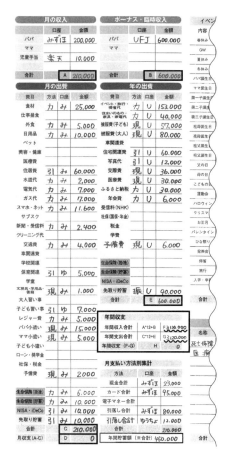

月の収入		
	口座	金額
パパ	みずほ	200,000
ママ		
児童手当	楽天	10,000
合計	A	210,000

ボーナス・臨時収入		
	口座	金額
パパ	UFJ	600,000
ママ		
合計	B	600,000

月の出費			
費目	方法	口座	金額
食材	カ	み	25,000
仕事昼食			
外食	カ	み	5,000
日用品	カ	み	10,000
ペット			
美容・健康			
医療費			
住居費	引	み	60,000
水道代	カ	み	2,000
電気代	カ	み	7,000
ガス代	カ	み	7,000
スマホ・ネット	カ	み	11,600
サブスク			
新聞・受信料	カ	み	2,400
クリーニング代			
交通費	カ	み	4,000
車関連費			
学校関連			
保育関連	引	ゆ	5,000
学童			
文房具・学用品・園用品	現	み	1,000
大人習い事	引	ゆ	7,000
子ども習い事	引	ゆ	7,000
レジャー費	カ	み	5,000
パパ小遣い	現	み	15,000
ママ小遣い	現	み	5,000
子ども小遣い			
ローン・奨学金			
社保・税金			
予備費	現	み	2,000
生命保険(掛捨)	カ	み	6,000
生命保険(貯蓄)	カ	み	10,000
NISA・iDeCo	引	み	10,000
先取り貯蓄	引	み	10,000
合計	C		210,000
月収支(A-C)	D		0

年の出費			
費目	方法	口座	金額
イベント・旅行・帰省代	カ	U	153,000
住まいのもの・家具・家電代	カ	U	40,000
被服費(子ども)	現	U	57,000
被服費(大人)	現	U	80,000
車関連費			
住宅関連費	引	U	60,000
写真代	引	U	12,000
交際費	現	U	36,000
医療費	現	U	30,000
ふるさと納税	カ	U	30,000
年会費	カ	U	6,000
受信料(NHK)			
社保(国保・年金)			
税金			
学費			
予備費	現	U	6,000
生命保険(掛捨)			
生命保険(貯蓄)			
NISA・iDeCo			
先取り貯蓄	振	U	90,000
合計	E		600,000

年間収支

年間収入合計	A*12+B	¥3,130,000
年間支出合計	C*12+E	¥3,120,000
年間収支(F-G)	H	

月払い方法別集計

方法	口座	金額
現金合計	みずほ	23,000
カード合計	みずほ	95,000
電子マネー合計		
引落し合計	みずほ	80,000
引落し合計	ゆうちょ	12,000
合計		210,000
年間貯蓄額(※合計)		450,000

間の収支（H）を求めます。

ここが少しでもプラスなら家計としてまずは合格です。このまま、第4章へ進んでもいいでしょう。

もし収支がマイナス、あるいはプラスだけどもう少し貯蓄を増やしたいなら、調整していきます。

すでに、ここに出費が細かく洗い出されていますので、検討しやすいはずです。ただ、やみくもに削ればよいわけではありませんので、ポイントを次の第3章で解説します。

なにはともあれ、すべて書き終えたことが素晴らしいです！頑張った自分をしっかり褒めてあげてくださいね。

第 **3** 章

お金の使い方を考える

Section 01

紙1枚やりくり表を見て 打つ手を考える

　紙1枚やりくり表を書いてみて、「思った以上に生活にはお金がかかる」と感じた方も多いのではないでしょうか。ひとつひとつは数千円の支出なのに、書き出して合計すると、こうなります。そう。「ぜいたくしていないのに、お金がなくなる」のではなく、実際は「ぜいたくしていなくても、お金はなくなる」のです。

　また、月の収支や年の収支が赤字になってしまい、落ち込んだ方もいると思います。我が家も、最初に書いたときは月の収支がマイナス3万円ぐらいになってしまい、焦りました。ですが、今ここで現実と向き合えたことを誇りに思ってください。課題に気づけたのですから、打つ手を考えればいいのです。もし、そのまま気づかずに生活していたら、あとでもっと大変なことになっていたはずです。

　紙1枚やりくり表は、生活にかかる出費が一覧になっています。つまり、どこを調整すればいいか、削りどころを検討するのがとても簡単です。我が家で実践したことを含め、本章でいくつか調整方法を紹介します。

　ただし、矛盾するようですが、削ることだけに集中はしないでください。前述したように、紙1枚やりくり表を使って家計管理をする目的は、自分が希望する暮らしを手に入れることに

紙1枚やりくり表を見直して調整しよう

ぜいたくしていないのにお金がない！

ぜいたくしていなくても、お金はかかるものだと考え、もう一度、全体を見渡して削りどころを見極めましょう

収支が赤字になってしまった！

現実に向き合って、改善していきましょう。
譲れないものは残しつつ、改善を進めていきましょう

目標のためにもっとお金を貯めたい！

出費の優先順位を決めて、優先順位の低いものから削っていきましょう

あります。我が家はお金を何を叶えるために使いたいのかをよく考え、出費の優先順位を決めながら、納得のいく家計に仕上げましょう。

ゴールから逆算する

　紙１枚やりくり表をブラッシュアップしていくにあたって、まず検討したいのが貯蓄部分です。将来必要なお金から逆算して、今、本当ならばいくら貯めなければいけないのかを確認しましょう。

　たとえ現状の家計では逆算した額を貯めるのは無理だったとしても、一度確認することが大切です。このぐらいは積み立てないと間に合わないんだ、と認識できれば、出費を真剣に見直せます。

　教育費や老後資金だけでなく、語学留学をしたい、お店を開きたい、世界一周旅行をしたい、あの車がほしいなど、お金を使う目的はいろいろあります。こうした、将来のお金の使い方や、貯める目標額を書く表を「ライフプラン表」と呼びます。簡単でかまわないので、「いつ」「いくら」必要かをまず書き出してみて、そこから逆算して今貯めるべき額を計算してみましょう。ライフプラン表については、第６章で具体的な書き方も解説していますので、参考にしてみてください。

貯蓄の目標額はゴールから逆算する

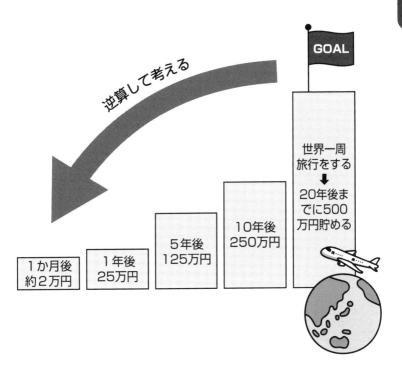

逆算して考える

GOAL

世界一周
旅行をする
↓
20年後ま
でに500
万円貯める

10年後
250万円

5年後
125万円

1年後
25万円

1か月後
約2万円

目標は明確に持つ

　ゴールを明確にすることは、貯蓄のモチベーションを維持するうえでも役立ちます。教育費や老後資金は、金額が大きいので貯蓄は長期戦です。長い道のりの中では、途中で収入が減ったり、予期せぬことでお金が出ていったりして、挫折しそうになることもあります。周囲がうらやましくなり、投げ出したい気持ちになることもあるでしょう。そんなとき、心の支えになるのが「目標」です。

　逆算して、貯めなくてはいけない金額を明確にすることは、「将来を見据えたうえで、この予算表なんだ。だから私はこれに沿ってやっていこう」という、精神態度につながります。
　挫折しそうになったときも、この精神態度があれば、挫けずに済みます。そのためにも、目標は明確であればあるほどいいのです。

　どうしても目標が明確に持てない、特に浮かばない人は、社長になったつもりで、我が家の5年後、10年後を想像してみてください。どんなふうに成長しているとうれしいですか？　「目指す姿に近づけるにはどうしたらよいか」という視点を持ってみると、目標が具体的になるはずです。

コラム

キッチンカーの夢を叶えた夫婦

　ご相談者の中に、「いつかキッチンカーでお店を開くのが夢なんですよ」というご夫婦がいらっしゃいました。ただ、まだ漠然とそう思っているだけで、特に具体的なプランがあるわけではありません。今はまだ、教育費を最優先にと考えていらっしゃいました。

　そこで私から、「何年後くらいにほしいですか？」「いくらくらい必要ですか？」と質問し、教育費と一緒にキッチンカーの購入資金も貯めていくプランを作成してお見せしました。

　すると、ご夫婦の目がキラリ。夢だったキッチンカーが、具体的なプランとして表れたことで、二人で家計を真剣に見直すようになったのです。

　キッチンカーは、500万円するとのことで、紙1枚やりくり表もかなり厳しい見直しが必要でしたが、目標が明確になったことでモチベーションが大きく上がり、貯蓄が驚くほど伸びていきました。今も順調に貯蓄を進め、もうすぐ夢が叶うところまで来ています。

削っても痛くない部分から削る

　生活の支出は、「ほしいもの」と「必要なもの」で成り立っています。支出を見直す場合、ほしいものより、必要なものから削るのがコツです。

　「普通、必要なものを確保して、ほしいものから削るのでは？」と思われるかもしれません。たしかに、ほしいものを好きなだけ買っていたら、お金がいくらあっても足りません。ですが、ほしいものを我慢するのは苦痛を伴います。一方、必要なものは削っても満足度が下がらないことが多いのです。つまり、節約しやすいジャンルなのです。

　たとえばスマホ代や電気代、ガス代などは、生活に必要なものです。後ほど94ページで紹介しますが、これらは今、料金プランが幅広く揃っており、少し見直せば今のサービス内容をほぼ変えずに価格を下げることができます。そこにまず手をつけて、それでも足りない部分は、ほしいものの中でも優先順位の低いものから削っていく。この順番がおすすめです。

　先ほども申し上げましたが、貯蓄は長期戦です。ストレスなくできることが大切なので、紙1枚やりくり表を眺めながら、削っても痛くない部分から着手していきましょう。

支出を見直すポイント

\ Bad！/

「ほしいもの」を削ると
節約がつらくなること
も…

洋服

食材

旅行

\ Good！/

「必要なもの」は削って
も満足度が下がらない
ことが多い

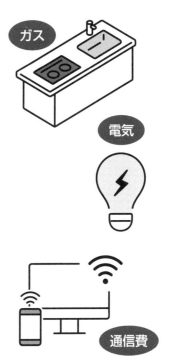

ガス

電気

通信費

貯まらない原因は少しの使いすぎの積み重ねと自覚する

　紙1枚やりくり表を見て、「無駄遣いはしていない。収入も人並みにある。なのに貯蓄が少ない。どうして？」と思われる方は少なくないでしょう。実際、私のところに相談に来られる方も、「これ以上、どこを削ればいいのでしょう？」とおっしゃる方がたくさんいます。

　ですが、そこをあえてもう一度、ひとつひとつの出費を丁寧に見直してみてほしいのです。一見、無駄遣いはないように見えても、少しずつの使いすぎが積み重なっているケースは多々あります。小さな無駄が皮下脂肪のようにひとつひとつの出費にまとわりつき、そのせいで貯蓄ができなくなっているケースが非常に多いからです。

　そして、「ぜいたくしていない」「無駄遣いはない」という人に限って、スマホ代や電気代を見直していなかったりするので、「当たり前を疑う」気持ちで出費と向き合いましょう。

　以前、相談に来られた方の中に、お一人で暮らしているのに、8人家族の我が家より水道代が高い方がいらっしゃいました。え？　と驚き、「もしかして、シャワーを流しっぱなしにしていませんか？」と聞いたところ、「はい。湯気がほしいので、お風呂に入る少し前から流してます。髪を洗うときも止めません」とのこと。水道代が我が家より高いとお伝えしたところ、

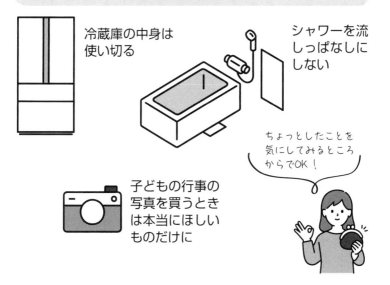

小さな無駄を減らそう

冷蔵庫の中身は
使い切る

シャワーを流
しっぱなしに
しない

子どもの行事の
写真を買うとき
は本当にほしい
ものだけに

ちょっとしたことを
気にしてみるところ
からでOK！

その方も「流しっぱなしにするだけでそんなに水道代が上がる
んですね！」と驚いて、シャワーの使い方を見直されました。
このように、「当たり前に使っている」ものほど、無意識の無
駄が潜んでいる可能性が高いのです。

　私自身の経験でいうと、学校で行事ごとに販売される写真を、
毎回買うのを見直しました。集合写真は「記念だから」と思っ
て買っていたのですが、私も子どももほぼ見返しません。1枚
ぐらいならいいですが、1年に何枚買っても写っているメンバ
ーは同じですし、値段も高い。なので、買わないことにしまし
た。その代わり、楽しそうな雰囲気のスナップを5枚だけ買う
ことに。それも、自分が見に行けない修学旅行などだけです。

運動会や学芸会などは、親が撮影できるので学校で販売されるものは買いません。

　また、我が家では毎年イヤーアルバムを作成しています。1年分の写真を厳選して1冊のアルバムにするのです。学校で購入するスナップ写真はイヤーアルバムに入れて、いつでも見られるようにしています。

　イヤーアルバムは1冊5000円くらいするのですが、このルールにしてから、写真代が大きく下がり、ほかがラクになりました。

　出費をひとつずつ見直していけば、必ず改善の余地がある部分が見つかります。1万円の無駄を見つけるのは難しくても、500円、1000円の無駄はけっこうあるものです。こうした小さな無駄が、全体を苦しくする原因となっていくので、丁寧に取り除いてください。年間で5万円、10万円の潤いは、すぐにつくれます。

アルバムは見えるところに収納

橋本家のイヤーアルバム

写真はリビングの本棚に収納。押し入れの奥に大切にしまうより、いつでも見られるところに置くほうがよいと考えています。

予算を10%下げて、できることを探してみる

　どうしても削りどころが見つけられない場合は、今の予算を10％下げてみましょう。強制的に下げることで、できることを考えるきっかけになります。特に食費や日用品費は日常的に使うものなので、改善点を探しやすく、効果を実感しやすい点でもその見直しはおすすめです。

　たとえば、日用品費が月1万円なら10％の1000円を削って9000円にしてみます。10％が厳しければ、5％でもいいでしょう。

　日用品は毎月だいたい同じようなものを買っていると思いますので、これをしっかり見直してみます。まずは、優先順位の整理です。「絶対必要ではないもの」を、ひとつ選んで買うのをやめてみます。たとえば、○○専用洗剤や、キッチンやリビングそれぞれに買っている掃除用シートなどは、代用できるものを探して、いったんリストラしてみましょう。買わなくても問題なければ、削減成功です。ひとつ300円ぐらいの「当たり前に買っていた日用品」を2つやめることができれば、600円も減らせます。

　どうしても必要な日用品についても、要検討です。必要だけど、特にこだわりがないものは今より安いランクのものも試してみましょう。ティッシュや洗剤、キッチンペーパーなどは、

スーパーやドラッグストアのオリジナル商品で、価格帯も安く
おさえているプライベートブランドが充実しています。ものに
よっては、100円ショップにお得なアイテムがある場合も。そ
うしたものの中から、納得できるコスパのよい商品を探して積
み重ねていけば、5％、10％の削減は達成できると思います。
　ただし、「減らさなくちゃ！」と頑張ると、ストレスになる
ので、ゲーム感覚でとらえるのがおすすめです。無駄な日用品
を5個改善できたらクリアなど、数でゴールを決めてもいいで
すね。

　使えるお金が少なくなれば、買い足す前に在庫をちゃんと使
い切ろうという意識も働きます。話題になっているからと、安
易に買っていた新商品の柔軟剤なども、本当に必要かどうか、
カゴに入れる前に慎重に考えるようになるでしょう。

　小さな無駄遣いや財布のゆるみというのは少額で見えにくい
ため、習慣化しやすいものです。そうした出費に気づくために
も、強制的に予算を減らしてみるのは効果があります。

10%無駄削減ゲーム

食費を10%
減らすには？

非常食をローリング
ストックにする
※ローリングストック：
　食べながら備蓄する方
　法

コンビニに寄ら
ないようにする

食品ロスをなく
す（食材を使い
切る）

ランチを外食からお
弁当にする

お金に頼らず満足できる
水準を探す

　使えるお金が足りないから、収入を増やす。あるいは貯蓄の運用利回りを上げる、という方法も考え方としてはあります。ですが、「足りないから」という動機で動いていると、いつまでも堂々めぐりです。収入が増えれば、生活水準を上げるために出費を増やすので、いずれまた「足りない」状況になります。仕事を増やしても、外食に頼る回数や、服やコスメにかけるお金が増え、結局忙しくなっただけで貯蓄は伸びていない、という結果になりかねません。

　足りないから収入を上げよう、投資の利回りでカバーしようという思考回路は、お金に目がくらみやすいので、怪しい儲け話にうっかり乗ってしまうリスクもあります。

　それよりも、今の収入で満足できる生活をつくることに専念したほうが健全で、将来的な豊かさも広がります。お金を足さなくても、満足できる暮らし方を見つけていれば、収入が上がっても買い物や外食を増やしたりしません。増えた分は、貯蓄や投資に回していけるので、どんどん経済的に潤ってきます。

　お金をかけずに満足できる生活。これさえ手に入れられたら、怖いものなしです。食材にせよ、日用品にせよ、「なくても済む」「お金をかけなくても十分これでいい」と、自分なりに納得できる水準を、コツコツ増やしていきましょう。

手っ取り早く節約できる
「通信費」を見直す

■■ スマホ代は3000円以下を目指す

　どの家庭も見直してほしいのは通信費です。家族のスマホ代、家のインターネット代の契約内容をチェックし、もっと安いプランはないか探してみましょう。なぜなら、削れる額が家計の中で最も大きいからです。

　特に、スマホ代に一人6000円以上払っていたら、即検討です。スマホの料金プランは、1か月間のデータ通信量がどのぐらいかで決まりますが、現在は3ギガ以下なら月1000円程度で使えます。仮に月に5000円安くなれば、年間では6万円の節約。夫婦二人なら12万円も浮きます。

　大手キャリアを使っていて、「格安SIMはつながりにくくなりそうで心配」という方もいます。そういう方は、大手キャリアのネット専用ブランド（手続き・サポートはネット対応のみ）に切り替えてみてはいかがでしょうか。ドコモなら「ahamo」、ソフトバンクは「LINEMO」、auは「povo」と各社出揃っており、いずれも20ギガ／月3000円程度で使えます。同じ会社同士なら、切り替えも簡単です。

■■ 格安SIMなら月1000円以下も可能

　格安SIMに切り替えてもいいのなら、料金はより安くできま

す。私が両親にすすめたのは「OCNモバイルONE」で、一番データ量の少ない500メガ（1ギガの半分）月550円のコース。動画を見ることも、ネットサーフィンをすることもなく、LINEぐらいしかスマホを使っていません。月1ギガでも余っていたため、最低限のプランに切り替えたところ十分でした。祖母に毎日電話をするために通話し放題を付けていますが、それでも月2000円程度で済んでいます。

■■ Wi-Fiをやめる

インターネットはスマホで見ることが多く、自宅のパソコンをあまり使わない人は、Wi-Fiの契約を思い切ってやめてみるのもアリです。パソコンでネットを見たいときは、スマホの電波を借りる「テザリング」を利用すればよいのです。

Wi-Fiのプロバイダ料金は、マンションの場合、月4000円程度、戸建ての場合、月5000円程度かかりますので、これを削れると家計がかなりラクになります。代わりにスマホのギガ数を無制限プランにしても、トータルでは安くなるはずです。

家計の見直しで効果が高いのは「当たり前をやめること」。Wi-Fiも当たり前に払っている固定費のひとつですが、人によってはやめても問題ないケースもあります。当たり前に払っているものほど、毎月払うだけの価値があるか、一度考えてみると大きな財源が見つかりやすいでしょう。

■■ 固定電話をやめる

　以前よりは持つ人が減っていますが、固定電話も「当たり前に払っている」固定費のひとつ。ほとんどの方が電話はスマホを利用しており、固定電話を持っていてもかかってくるのは、何かの営業電話がほとんどではないでしょうか。FAXがどうしても必要な生活でない限り、思いきって解約してもいいと思います。

　固定電話の基本料金はNTTとの契約ですと月に約2000円。プロバイダ経由で契約するひかり電話でも500円前後かかります。解約すれば、年間6000円～2万円以上の節約になり、この先ずっと続くと考えると大きいです。

　我が家は一度も固定電話を持ったことがありませんが、実家では「固定電話があるのは当たり前。やめるなんて考えられない」といっていました。でも、父の退職を機に家計を見直し、「全員、携帯電話を持っているのだから思いきってやめてみたら？」とアドバイスをしたところ、やめることに。当初は渋っていたものの、いざやめてみると何の不自由もなかったそうです。今では祖母も固定電話を解約しました。

　余談ですが、「オレオレ詐欺」などの詐欺の電話は、高齢者の固定電話が狙われるそうです。高齢者のいる家庭では解約することで、詐欺のリスクを減らせるのも大きなメリットといえるでしょう。

電気・ガス会社を乗り換える

　電気、ガス会社も、スマホと同じように、より安い会社に乗り換えることができます。「価格.com」や「エネチェンジ」などのサイトでは、現在の利用内容を入力すると、乗り換え候補となる会社と、乗り換えた場合の料金がどのぐらいになるかを一覧で提示してくれるので便利です。

　契約する会社が聞いたことのない会社でも、電気やガスを管理し供給するのは、今までと同じ各地域の大手電力会社やガス会社です。購入する会社が変わるだけで、電気やガスそのものは今までと変わりません。たとえるなら、コアラのマーチをコンビニで買うか、スーパーで買うか、ネットショップで買うかというようなもの。買うお店（契約する会社）が違っても、コアラのマーチ（電気やガス）の品質は変わりません。燃料代が値上がりしている現在は、ぜひ検討してほしいテクニックです。

　とはいえ、各社により料金プランには違いがあるため、しっかりチェックする必要があります。たとえば、一定金額以上になると大きな割引があるプランや、割引率は少ないけれど基本料金と利用料金が一律で安くなるプランなどがあります。

　一軒家で電力消費量が大きい家庭なら前者がお得ですが、小さなマンションで少人数の家庭なら後者のほうがお得です。

　ただし、いくら安くても値上げの上限料金を設けていない会

電気・ガスの見直しサイト

●エネチェンジ
https://enechange.jp/

●価格.com
https://kakaku.com/electricity-gas/

家族構成や使い方などの質問に答えることで、おすすめの電気料金・ガス料金プランを提案してもらえるWebサイト。ただし、下記のポイントは必ずチェックするようにしてください。

┌─〈3つのポイント〉────────────
　①シミュレーション結果が今より安いか
　②料金プランのタイプが自分たちの生活に合っているか
　③値上げの上限設定があるか
└────────────────────────

社は避けてください。上限を設けていない場合、燃料高の今は、料金が青天井になる可能性があります。

　上記の3つのポイントをしっかりチェックして、賢く電気代を下げていきましょう。

　手続き方法としては簡単で、新しい電力会社やガス会社で契約をすると、自動的に今まで契約していた会社は解約となります。

支払い方法を変える

　支払い方法を変えるだけで安くなったり、お得になったりするものも多くあります。

　NHKの受信料や保険料など、年払いにすると割引があるものは、積極的に年払いに切り替えましょう。ボーナスがないなど、年払いが厳しい場合は無理しなくてもかまいませんが、できれば毎月払っているつもりで積み立て、年払いにするのがおすすめです。

　保険は年払いにすることで保険料が割安になったり、貯蓄型の場合は、返戻率が上がるものもあります。国民年金の保険料は、2年分をまとめて前納することができ、これにより約1か月分もお得になります。

　また、口座振替で支払っていたものは、クレジットカード払いに変えることで、クレジットカードのポイントがもらえ、その分お得です。

11 食費は1日の予算をつくり、少し削ってみる

　紙1枚やりくり表を使い始めた当初、月の収支が3万円の赤字だった我が家は、食費の見直しに着手しました。というのも、スマホや電気などの固定費は、すでに見直し尽くしていたからです。

　当時の食費は、1日あたり2500円の予算で、1か月（30日）分として7万5000円を見積もっていました。これを1日2000円、月6万円で頑張ってみることにしたのです。

　もともと1日2500円は比較的余裕がある予算だったので、少し工夫すればいけると思いました。ただ、私は節約に慣れているので、1日500円削減の大ナタをふるいましたが、最初からそこまで頑張る必要はありません。まずは1日100円減らしてみるだけでも十分です。それでも月3000円はカットできます。

　実はこうした「1日○円」という予算は、食費の予算を守りやすく、節約もしやすい点でもおすすめなのです。

　たとえば、1日2000円とすると、3日分で6000円です。3日に一度、6000円以内で買い出しをすれば、自動的に予算を守れます。家計簿も必要ありません。

　「食費は1か月6万円」と考えてしまうと、残り予算がいくらかをチェックしながら買うのがちょっと面倒です。1日分の予算を決めて、何日分の買い物をするかで考えると、わかりや

97

すくなります。その日の買い物の予算を決めることで、今日買わなくてもいいものや、優先順位の低いものを自然と考えるようになり、食費を無理なく下げられます。

　ちなみに、まとめ買いほど大変でなく、毎日買うほど面倒でもない３日サイクルがちょうどよくておすすめです。

食費の考え方〜橋本家の場合〜

食費：月６万円＝１日分2000円（３日分で6000円）

３日に一度
6000円以内で
買い物をする

スーパーのカゴ
２つ分が6000円
の目安

予算を守って買い物を
すれば、家計簿をつける
必要はなし！

優先順位の低いもの、
余計なものを自然と買
わなくなる！

外食は回数を減らし、単価を上げる

外食も月単位ではなく、１回あたりの予算を考えてみましょう。我が家はこれまで月２回の外食で１万5000円の予算にしていましたが、子どもたちが大きくなって食べる量が増えたこともあり、この予算ではまったく収まらなくなってきました。

ただ、私としては予算を上げたくありません。外食よりも、教育費に回したいからです。そこで家族とも話し合い、月１回、１万円の予算に縮小することとしました。根拠は、一人1000円として８人なので8000円。ただ、上の子たちは大人より食べることもあるので、余裕を見て１万円としたのです。これで、5000円のカットに成功しました。

外食は安いお店でも、家族で行けば出費が大きくなります。フードコートに毎週末行くより、ちょっとリッチなお店に月１回行くほうが出費はおさえられ、満足度も高まります。

外食に行きたいなと思ったら、どこで何を食べたいかを考えて、それを家でつくるようにしています。ふるさと納税の返礼品として高級食材を選ぶのもおすすめです。

回数を減らす代わりに、子どもにもリクエストを聞くなど、家族に不満が出ないように工夫しながら調整していきましょう。

小遣いは必ずつくる

▪▪ 夫婦の小遣いの考え方

第2章でもお伝えしましたが、使える予算は少なくても小遣いは必ずつくってください。よく、主婦の方で「夫の稼ぎから自分の小遣いを持つのは気が引ける」という方がいますが、家計的にはNGです。小遣いをつくらないと、ママ友とのランチ代を食費から出したり、遊びに行くときの交通費を日用品費から借りたりと、家計との線引きがあいまいになり、管理が"ざる"になってしまいます。

個人的な出費を小遣いの中でやりくりすると、ここは削ろうかなと、優先順位を考えてお金を使うようになります。少額でも自由に使えるお金があると、気持ち的にもラクで、やりくりのモチベーションにもなります。

金額は、小遣いでまかなう内容を決めて設定します。たとえば、ランチ1回1500円×月2回、カフェ1回500円×月2回、コスメ用積み立て1000円なら、月5000円といった具合です。

我が家は、以前は通信費と美容院代は家計から出していましたが、小遣いから出すルールに変更しました。というのも、夫は美容院でマッサージやまゆげカットもつけたいし、スマホは大手キャリアがいい。私はスマホは格安SIMで十分だし、美容院もカットのみでいい。このように、こだわりポイントが違っ

たので、小遣いを増やして、お互いその中でやりくりすること
にしたのです。

　小遣いでまかなう範囲を広げると、家計で管理する手間が省
けますし、自分たちも「ここは削ろうかな」と、真剣に優先順
位を考えてお金を使うようになります。実際、夫もしばらくし
て大手キャリアは高いと感じるようになったのか、格安SIMに
乗り換えていました。

■■ 子どもの小遣いの考え方

　子どもの小遣いも、大人と同様に毎月定額を渡すのがよいで
しょう。「必要なときに、その都度渡す」という家庭も多いで
すが、決められた予算の中でやりくりする力は、小さいうちか
ら身につけておくに越したことはありません。

　家計相談でも、貯蓄ができていない家庭の多くが、支出を収
入の範囲内に収められていません。お金が足りなければローン
を組むのが当たり前、あとから払えばいいという考えでは、ず
っと借金を抱えたままです。今あるお金の中で暮らすのは、資
産形成の大前提なので、小さい頃からお小遣いをやりくりさせ
るのは、よい金銭教育になります。

　子どもに小遣いとして渡す金額は、親の考えで決めてかまい
ません。橋本家の場合は、小学生は学年×100円、中学生は学
年×1000円、高校生はまだいませんが、一律5000円の予定です。
ただし、小学生といっても足し算と引き算ができるようになっ
てから。これは、買い物に足し算・引き算が必要だからです。

　そして、徹底して守っているルールがあります。それは、次

の2つ。

① ほしいものはお小遣いを貯めて買う
② 友達とお金の貸し借りはしない

　お友達とのお金の貸し借りはまだありませんが、みんな一度はほしいものを買うために前借りの相談に来ます。「お祭りがあるから」「友達の誕生日プレゼントを買いたいから」など、理由はいろいろですが、「先々の予定を考えて使わないから、困ることになるんだよね」とわかるまで説明し、我慢させます。「数百円ぐらいなら」「今回だけなら」とお金を出すのは簡単ですが、「大人になってから困らないための練習だからね」と話し、例外はつくりません。前述したように、収入以上に使うクセをつけてほしくないからです。

　持っているお金の範囲で生活するのは、とても大事な力です。「靴は揃える」「よその家の冷蔵庫や引き出しは勝手に開けない」「片づけてから帰る」などと同じように、基本的なマナーやルールとして、普段の生活の中で、きちんと学ばせたいと思います。

お金にもマナーや
ルールがあるんだよ

ふるさと納税の使い方で
家計にゆとりをつくる

　ふるさと納税はフル活用しましょう。返礼品を上手に使えば、家計の助けになります。

　我が家は、毎年両親へのお歳暮に、りんごをふるさと納税で贈っています。また、トースターが壊れたときも、ふるさと納税で新しいものをいただきました。ふるさと納税には食品や日用品、家電、旅行券など、あらゆるジャンルが揃っているので、うまく活用すれば家計のゆとりを生みます。

　たとえば、お米をもらえたらお米代が浮きますよね。食材費をそれだけ減らすことができます。お正月のごちそうをふるさと納税でまかなえば、お正月の予算を減らすことができます。返礼品を予算の一部として活用すれば、家計管理がさらにラクになるのです。

　ふるさと納税とは、自分が好きな自治体に寄附をするとお礼の品がもらえて、さらに寄附金控除が受けられる制度です。ざっくりいうと、寄附した額のうち、2000円を超える部分は翌年の住民税（やその年の所得税）が軽減されます。

　返礼品は、最大で寄附額の3割程度の目安で用意されている

ので、4万円の寄附なら1万2000円相当の返礼品を受け取れることもあります。手続きを踏めば、こうした返礼品を、実質2000円の負担で受け取れるということです。とてもお得ですね。

　ただし、控除が受けられる寄附額には上限があります。上限額は所得や家族構成、税金の控除条件などによって変わりますが、会社員で給与年収が400万円の場合、寄附額は年間4万2000円[1]が目安です。また、控除を受けるためには手続きが必要です。基本的には確定申告を行ないますが、会社員など確定申告をする必要のない方で、寄附先が1年間で5自治体以内であれば、ワンストップ特例制度を利用することで寄附金控除を受けることができます[2]。ワンストップ特例制度を利用するに

ふるさと納税の流れ

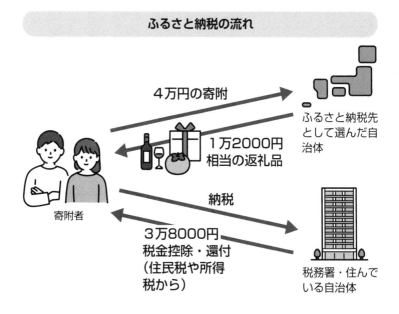

4万円の寄附

ふるさと納税先
として選んだ自
治体

1万2000円
相当の返礼品

寄附者

納税

3万8000円
税金控除・還付
（住民税や所得
税から）

税務署・住ん
でいる自治体

ふるさと納税の寄附上限額の目安

(単位：円)

給与収入	独身・共働き（配偶者控除なし）の夫婦			夫婦（配偶者控除あり）		
	独身・夫婦のみ	子一人（大学生）	子二人（大学生と高校生）	夫婦のみ	子一人（高校生）	子二人（大学生と高校生）
300万円	28000	15000	7000	19000	11000	—
400万円	42000	29000	21000	33000	25000	12000
500万円	61000	44000	36000	49000	40000	28000
600万円	77000	66000	57000	69000	60000	43000
700万円	108000	83000	75000	86000	78000	66000
800万円	129000	116000	107000	120000	110000	85000
900万円	151000	138000	128000	141000	132000	119000

＊社会保険料控除額を所得の約15％と仮定して試算しています。
＊「配偶者控除あり」とは、「配偶者の収入が201万円未満」であることを指します。
＊中学生以下の子どもは（控除額に影響がないため）、計算に入れる必要はありません。
　例えば、「夫婦子1人（小学生）」は、「夫婦」と同額になります。また、「夫婦子2人（高校生と中学生）」は、「夫婦子1人（高校生）」と同額になります。
＊より正確な寄附上限額を知りたい場合には、総務省「ふるさと納税ポータルサイト」をご確認ください。
出典：総務省「全額（※）控除されるふるさと納税額（年間上限）の目安（※）2000円を除く(https://www.soumu.go.jp/main_content/000408217.pdf)」より作成

は、寄附した都度、寄附をした先の自治体に申請書類を送る必要がありますが、慣れない確定申告に比べると手続きは簡単です。

　ふるさと納税はできるだけ、寄附できる額の上限額いっぱいまで使うのがお得です。まずは、自分がどのぐらい寄附できるか、ふるさと納税のポータルサイト（ふるさとチョイス、さとふる、楽天ふるさと納税など）でシミュレーションしてみましょう。

※1　総務省「全額控除されるふるさと納税額（年間上限）の目安」より。実際に寄附できる上限額や還付額は条件によって変わりますので、シミュレーターなどを利用してご確認ください。
※2　ふるさと納税で控除できるのは、所得税と住民税です。会社員の場合、確定申告の必要がないワンストップ特例を使うと全額住民税での控除となります。

臨時収入の使い方を 決めておく

　ボーナスなど、毎月の収入以外の臨時収入について、使い方を決めておきましょう。ここでの臨時収入とは、「収入」の欄に書いた年末調整の還付金や配当金のほか、祖父母からのお祝い、ケガや病気の治療で受け取った保険金など、たまたま入ったお金も含みます。

　月の収入に余裕がある人は、年の出費も月の収入でまかなうようにし、ボーナスや臨時収入はまるごと貯蓄する、と決めてもいいでしょう。

　あるいは、ボーナスは固定資産税や保険の年払いに使って、残りは貯蓄。ボーナス以外の臨時収入は、家族の楽しみに使うお金としてプールするなど、臨時収入の種類ごとに使い道を決めておくと迷いません。

　行き先を決めておけば、少なくとも、「臨時収入が入ったから、パーッと使おう」と、浮かれて衝動買いに走ってしまうミスは避けられます。臨時収入を淡々と処理し、ムラのないやりくりを続けると、貯蓄もぐっと安定します。

住宅ローンは借り換えを
シミュレーションしてみる

　住宅ローンの金利が今よりも低くなれば、毎月の支払いもおさえられ、総支払額も減らすことができます。住宅ローンは固定費なので、削れると効果が大きいです。今より安くなる金融機関がないか、一度調べてみましょう。

　住宅ローンの借り換えシミュレーションをするのにおすすめなのが、「モゲチェック（https://mogecheck.jp）」というサイトです。FPとして相談を受ける際もよく使っています。借入希望額など条件を入力すると、金利の低い順に金融機関をリストアップしてくれます。いいなと思う金融機関と金利を見つけたら、同サイトの借り換えシミュレーションで、借り換えた場合にどのぐらいメリットがあるかも試算してみましょう。

　シミュレーションしてみて、安くなりそうだとわかったら、一度、今借りている銀行の窓口に相談してみることをおすすめします。うまくすれば、借り換えせずに今の金利を下げることができるかもしれません。

「あとで」ではなく
「今」動く

　紙1枚やりくり表のブラッシュアップで大切なのは、「あとで」ではなく、「今」やること。スマホや電気、ガスの見直しもそうですが、早く動けば動くほど家計のゆとりも早く生まれます。

　「今の仕事が落ち着いたら」「このイベントが終わったら」などと思っていても、結局、落ち着く日は来ません。今、言い訳してできないのなら、1週間後もたぶんできないのです。とにかく「今」、動いてみること。まずは、スマホ代だけでもいいので、固定費の見直しをひとつ、やってみましょう！

　固定費は、一度契約したらその後は意識せずに支払っていることが多いもの。10個の固定費があったとして、ひとつずつ月1000円でも削減できたら、合わせて年間12万円もの節約になります。
　固定費を削減するには3つの方法があります。

　① 解約する
　② 契約変更する
　③ 支払い方法を変更する

紙1枚やりくり表で固定費を洗い出したら、いずれかの方法がとれないか、ひとつずつ照らし合わせて検討してみてください。では、それぞれ説明していきます。

① 解約する

　サービスを活用できているかを振り返り、利用していないもの、満足度の低いものは解約しましょう。「また利用するかも」と解約を躊躇してしまうかもしれませんが、利用するときには再度契約すればよいので、思いきって一度解約してみることをおすすめします。そもそも利用していないものなので、ケチケチすることなく支出を削減することができるはずです。

② 契約変更する

　お店によってモノの値段が異なるように、同じサービスでも安く契約できる場合があります。電気やガス、スマホなど安く契約できるサービスが増えています。契約変更にともなう違約金や初期費用によって、契約変更を躊躇する人も多いですが、節約できる金額が大きいので、思ったより早く元が取れることがほとんどです。何か月でかかった費用の元がとれるかは、

「かかった費用÷月あたりの節約額」

にあてはめると簡単に計算することができます。

　サービスはほとんど変わらないまま料金が安くなるので、生活の満足度を下げることなく支出を削減することができますよ。

③ 支払方法を変更する

　解約も契約変更もできないときであっても、支払い方法を変えるだけで安くすることができます。月払いよりも半年払いや年払いにしたほうが、割引を受けられることが多いです。クレジットカード払いやQRコード決済では独自のポイントが付くものもあります。

　まったく同じ契約にもかかわらず、支払い方法を変えるだけで節約することができるのでおすすめです。

スマホだけでも案外大きな
金額が見直せますよ！

第 **4** 章

口座とカードを
整理する

銀行口座とクレジットカードを上手に使いこなすには

　この章では、書き上げた紙1枚やりくり表に沿って、口座とカードを整理していきます。口座とカードの整理は、紙1枚やりくり表を使った家計管理を成功させるために欠かせないプロセスです。

　実際のお金の流れを紙1枚やりくり表と連動させることで、「紙」と「お金」と「頭の中」が同じ流れになり、非常にわかりやすくなります。

　ここでのカードとは、キャッシュレス決済を指します。キャッシュレス決済には、クレジットカードやデビットカード、○○Payなどのバーコード決済、Suicaなどの交通系ICカードやWAON、nanacoといった電子マネーがあります。これらは、100円につき1ポイントなど、決済額に応じてポイントが貯まり、貯まったポイントは支払いに使えるので、お得です。

　子どもの習い事や学校関連の集金などで、現金が必要なシーンもありますが、基本的にはキャッシュレスを使うほうが、記録も残って安心なので、上手に使いこなしていきましょう。

　本章では前半で口座とカードの整理方法を紹介し、後半ではそれぞれの口座の使い方やおすすめのカード利用法などについて触れていきます。

紙1枚やりくり表に沿って
口座とカードを整理していく

　銀行口座は、「月の出費用」「年の出費用」「貯蓄用」と利用目的に合わせて持つのが基本です。プラス、小遣いを管理する「個人用」もあるといいでしょう。子どもがいる方は、「学費用」もほかの口座とは別に用意してください。

　口座をこのように持つと、紙1枚やりくり表とお金の流れを連動させることができます。月の出費は月の出費用口座から、年の出費は年の出費用口座から出す流れにするのが管理をわかりやすくするポイントです。

　実は、お金が貯まらない人ほど、たくさんの口座やクレジットカード、ポイントカードを持っています。支払い先やお金の置き場所が無目的にバラバラだと、結局、赤字なのか黒字なのか、貯蓄が増えているのか、切り崩しているのかがわかりません。

　使用目的を整理し、本当に必要なものだけに厳選します。

　まとめると、次ページのような口座のフォーメーションになります。

家族構成別の口座フォーメーション

	子どもがいる家庭	夫婦のみ	シンママ・シンパパ	独身
月の出費用口座	◯	◯	◯	◯
年の出費用口座	◯	◯	◯	◯
貯蓄用口座	◯	◯	◯	◯
夫個人用口座	◯	◯	◯	◯
妻個人用口座	◯	◯		
学費用口座	◯	―	◯	―

手持ち口座をすべて書き出す

　口座を整理するために、現在使っている口座を書き出してみます。「口座リスト」は次ページのような表です。口座リストのExcelデータはダウンロードできます（198ページ参照）。そちらをプリントアウトしてご利用ください。このとき、念のため2枚コピーしておきます。現状と今後に分けて、書けるようにするためです。すでに口座をある程度整理していて、あまり修正がなさそうな方は1枚でも大丈夫です。口座の整理をしていない方や、前ページのフォーメーションのように、いちから口座を整えたい方は、1枚別にあったほうが作業しやすいでしょう。

　まずは、世帯で持っている銀行口座、証券口座をすべて1枚目の紙に書き出します。夫婦それぞれが管理している口座も、子ども名義の口座も、家にあるすべての通帳を集めて書いてください。

　口座の名前を書いたら、通帳を開いてそれぞれの明細を見ます。その口座に入ってくるお金と、出ていくお金を記入していきましょう。家賃、水道光熱費、カードの引き落とし、習い事の月謝、学校の給食代、食費、交通費、〇〇Payへのチャージなど、細かいものももらさず書いてください。

口座リストのフォーマット

銀行		銀行		銀行	
収入：		収入：		収入：	
支出：		支出：		支出：	
費目	金額	費目	金額	費目	金額

　この作業を家計相談でもやっていただくのですが、書き出していくうちに、自分のお金の現状が見えてきます。「思った以上にお金の出口が複雑になっている」と気づく人が多いです。

　この機会に、使っていない口座は解約しましょう。口座もカードも、増えれば増えるほど管理するためのコストがかかります。最近では、未利用口座の管理手数料を導入する銀行もあります。また、あまりに長く使わないでいると休眠口座扱いになり、国庫に入ってしまう可能性もあるので、目的のない口座はいったん、解約するのが賢明です。必要があれば、また開設すればいいだけですから。

紙1枚やりくり表に沿って
出費を整理していく

　手持ちの口座を書き出したら、今度はもう1枚印刷しておいた、口座リストの用紙を用意します。ここに、今後のお金の流れを整理して書いていきましょう。紙1枚やりくり表と連動するように、114ページの銀行口座のフォーメーションに合わせて整理していくのが目標です。

　まず、「月の出費用」「年の出費用」「貯蓄用」「個人用」「学費用」の口座を決め、口座名を上の欄に記入します。そこに、先ほど書き出した口座リストと紙1枚やりくり表を見ながら、「月の出費」は「月の出費口座」、「年の出費」は「年の出費口座」という具合に、ひとつずつ移動してまとめていきます。

　たとえば、日用品を買うための電子マネーへのチャージにクレジットカードを使っているとしたら、そのカードの引き落とし口座は「月の出費用口座」にする必要があります。もし、個人用口座になっていたら、「月の出費用口座」に動かしていきましょう。悩むものは、いったん保留でかまいません。

　貯蓄用の口座は、複数持っている方も多いと思いますが、できれば大元になる口座をひとつ決め、その口座から各口座にお金が流れるようにできると理想的です。貯蓄型保険の保険料などは、クレジットカード払いにし、その大元の口座から引き落

とされるようにすればわかりやすいでしょう。

　書き終えたら、実際の引き落としもその表に沿って整えていきます。もともとA銀行から電気代（月の出費）を引き落としていたけれど、今後はB銀行で月の出費を管理したいという場合は、電気代の引き落とし口座を、A銀行からB銀行に変更するといった具合です。

口座リストの整理例

Before

夫：ゆうちょ銀行		夫：三井住友銀行		夫：パパUFJ銀行		夫：みずほ銀行		夫：横浜銀行	
収入：		収入：パパ給与・児童手当		収入：		収入：		収入：	
支出：		支出：生活費		支出：		支出：		支出：	
費目	金額	費目	金額	費目	金額	費目	金額	費目	金額
夫の奨学金	7000	カード	月による	apple com bill	130	夫のスマホ代	7000	カード年会費	2000
		現金引き出し	月による					給食費	5000
								学校引き落とし	2000

●子どもの頃に親がつくってくれた口座やバイトの給与指定口座のためにつくったものなど5つの口座がありました
●それぞれパラパラと引き落としがあるので足りなくなったら何となく補充しています

妻：ゆうちょ銀行		妻：みずほ銀行		妻：UFJ銀行		銀行		銀行	
収入：		収入：		収入：ママ給与		収入：		収入：	
支出：		支出：		支出：家賃・生活費		支出：		支出：	
費目	金額	費目	金額	費目	金額	費目	金額	費目	金額
妻の奨学金	15000			家賃	90000				
				現金引き出し	月による				
				妻のスマホ代	7000				
				ウォーターサーバー	4500				

●銀行口座は3つしかありません。今は給与の入るところから諸々の引き落としをしています
●みずほ銀行の口座は今は使っていません。いくらか預金が残っているかもしれません
●奨学金はゆうちょ銀行から引き落としになっていたので、ボーナスのときにまとめて入金しています

※口座の役割を考えていない場合、「支出」の欄は空欄でかまいません

118

学校の給食費が夫の個人口座から引き落とされている場合は、「学費用口座」から引き落とされるように手続きしましょう。

この作業はとても手間がかかり面倒ですが、ひとつずつお金の流れを交通整理していくことで、日々の家計管理がぐっとラクになります。

なお、カード払いの整理については、121ページでもう少し詳しく紹介します。

After

:三井住友銀行		妻：楽天銀行		夫：楽天銀行		夫：横浜銀行		夫：ゆうちょ銀行		妻：ゆうちょ銀行	
入：パパ給与		収入：ママ給与		収入：児童手当		収入：パパ三井住友より資金移動		収入：小遣い		収入：小遣い	
出：月の出費用		支出：年の出費用・夫婦の小遣い		支出：貯蓄用		支出：学費用		支出：パパプライベート用		支出：ママプライベート用	
費目	金額	費目	金額	費目	金額	費目	金額	費目	金額	費目	金額
の出費用カード	60000	夫婦小遣い（現金引き出し）	100000	教育費用貯蓄	10000	給食費	5000	夫の奨学金	7000	妻の奨学金	15000
引き出し（円は横浜銀行）	132000	年の出費用カード	150000			学校引き落とし	2000	夫のスマホ代	3000	妻のスマホ代	3000
家賃	90000										
オーターーバー	4500										

●貯蓄用に楽天銀行の口座を開設
●児童手当はまるまる貯蓄
●ママ給与から夫婦の小遣いを出した残りは年の出費用にプールしておく

●生活費をすべて集約
●予算を決め、現金引き出しは固定額を月1回に

●学校指定の横浜銀行は学費のみに使用する

●個人口座を確保
●奨学金、スマホ代は各自プライベート口座から支払う
●スマホは格安SIMに変更

●使わない口座は解約
●年会費のかかるクレジットカードは解約

119

通帳をラベリングする

　整理した口座は、どれが何のための口座かわからなくならないように、通帳の表紙に目的をメモしておくことをおすすめします。口座も、お金の使い方と同じようにラベリングしてしまうのです。

　私はラベルシールを貼っていますが、マジックで書くなど目立つものであればなんでもOKです（8ページ参照）。パッと見てわかるように、表紙にしっかり書きましょう。

　貯蓄用の口座には表紙を開いたところに、「いつまでに、いくら貯めたいのか」、具体的に目標額も書きます。ほしいものができて、つい貯蓄に甘えたくなったときも、目標を見れば「そうだ、このお金は使っちゃいけない」とブレーキをかけられます。簡単で効果も絶大です。

　「見られたら恥ずかしい」とおっしゃる方もいますが、誰かに見られることはほとんどありません。いつでも自分が見て確認できるように、はっきり口座をラベリングすることが、お金をラクに管理するコツです。

ラベルがあれば
わかりやすい！

出費用口座に合わせて
クレジットカードをつくる

　出費用の口座は、「月」と「年」の２つがありますね。クレジットカードも２枚用意し、月の出費と年の出費で分けましょう。月のカードは、月の出費口座から引き落とされ、年のカードは年の出費口座から引き落としされるように設定します。

　会計をする際、「これは年の出費だから、このカード」「これは月の出費だから、こっちのカード」と、レジの時点で出すカードを分ければ、そのまま「月の出費は月の出費の口座」または「年の出費は年の出費の口座」から引き落としされ、お金の流れがシンプルになります。カードにも「月の出費用」「年の出費用」とラベリングしておくと、わかりやすいでしょう。カードの利用明細が、そのままそれぞれの口座の家計簿代わりにもなり、振り返りもしやすくなります。

　すべての出費を１枚のカードで払ってしまうと、年の出費も月の出費と一緒にひとつの口座から払うことになります。そうなると、いちいち利用明細を見ながら、「年の出費は今月はいくらだから、こっちの口座にここから移して……」と、仕分けやお金を移動させる手間が発生して非常に面倒です。

　紙１枚やりくり表は、忙しい毎日の中でも家計管理を継続するために、できるだけお金のことを考えずにやりくりするのが

第4章　口座とカードを整理する

目的です。「このお店で買うときには、このカードを使うとお得だから」といった理由で、たくさんのクレジットカードを持っている方も多いと思いますが、少しのお得より、管理のしやすさを優先することをおすすめします。

■■ クレジットカードは年会費無料で還元率1%以上のものを

　クレジットカードは、年会費がかからないものを選ぶのが基本です。今は、無料のカードでも使った金額に対し、1%程度の還元率があるカードがあり、わざわざ有料のカードを使わなくても、十分お得に決済できます。また、できるだけカードの枚数は絞るほうがポイントも貯まりやすく、管理もしやすいです。年間の利用額が少ないカードは、解約しましょう。

　解約するかどうか迷うのが、「年に数回10%オフになる」「駐車場が無料になる」などの特典があるショップ系のクレジットカードです。「お得だから、持っていてもいいですか？」とよく聞かれるのですが、こうしたカードは初年度は無料でも、2年目以降は年会費がかかるケースがあります。使わなくなっても、持っているだけで年会費がかかり続けてしまう点が心配です。

　保有する場合は年会費分以上に得しているか、特典を使うために無駄な買い物をしていないかなど、本当に持つべきカードかどうか、年に一度は検討するようにしましょう。基本的には年数回の買い物のために保有するなら、年会費無料の1%以上還元されるカードに集約してしまうことをおすすめします。

口座に合わせたクレジットカードを持つメリット

月の出費用
A銀行の口座

A銀行から引き落とされるクレジットカード

月の出費の会計時に使用

食材
日用品
通信費

クレジットカードの利用明細を見れば、月の出費を振り返れる

年の出費用
B銀行の口座

B銀行から引き落とされるクレジットカード

年の出費の会計時に使用

車関連費
住宅関連費

クレジットカードの利用明細を見れば、年の出費を振り返れる

クレジットカードの取捨選択

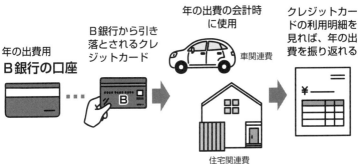

年会費はかかるが、割引のあるクレジットカードをどうするか？

年間費1048円で、感謝デーなどに買い物をすると5％オフになるカードの場合

年会費 ÷ 割引率 ＝ 損益分岐点（利益ゼロになるポイント）

→年間1048円÷5％＝20960円

つまり、年間20960円以上買い物をするなら元が取れる

楽天カードなら、一人2枚持てる

クレジットカードの種類をできるだけ少なくでき、かつ使い分けもしやすくておすすめなのが、楽天カードです。楽天カードは、一人2枚つくることができ、どちらのカードで決済しても楽天ポイントが決済金額の1％の還元率で貯まります。ポイントが分散せず、貯めたポイントは楽天市場や楽天トラベル、楽天ブックスなど楽天のWebサービスのほか、コンビニやスーパー、ドラッグストアなど街中でも使えるため、物価対策にも有効です。

たとえば、夫、妻ともに楽天カードを2枚ずつつくり、夫は年の出費と夫の小遣い用、妻は月の出費と妻の小遣い用にすると、わかりやすいですね。家計で払う分と、自分のプライベートで払う分を分けることができ、予算管理がしやすくなります。

最近は、投資信託を積み立てで買う際、クレジットカードが使える証券会社も増えています。保険などもクレジットカード払いにしたほうが、ポイントが貯まってお得なので、1枚は貯蓄用にするのもいいでしょう。

いずれにしても、紙1枚やりくり表に合わせて整理した口座に沿ってカードも割り当てるようにしてください。お金の流れを、口座間で混ざらないようにするのがコツです。

カードの利用内容を
確認できる環境をつくる

　クレジットカードは後払いなので、「いくら使ったか」が見えにくいのが難点です。利用内容と、今月使った金額の合計がわかるように、カードのアプリやWebサイトなどを活用しましょう。週に一度は確認すると、今月どのくらい使ったか、出費の進捗がわかり安心です。

　ただ、使った金額がアプリに反映されるまで、タイムラグがあります。お店によっては、数日かかることも多いです。気になる人は、レシートを保存する習慣をつけましょう。アナログですが、気になったときにすぐ確認でき、確実です。

　ほかには、予算分の現金を事前におろしておき、カード支払い用封筒を準備し、使った分だけレシートとともに、このカード支払い用封筒に移すという方法もあります。手間はかかりますが、予算の進捗がわかりやすくなります。

電子マネーにチャージして使いすぎを防ぐ

　お金の利用内容をすぐに確認でき、使いすぎも防げるおすすめの方法があります。それは、電子マネーや○○Payなどに、あらかじめクレジットカードからチャージして、それを使うのです。

　チャージした分は、スマホのアプリに残高として表示され、現金と同じように使った分だけ残高が減ります。決済の種類にもよりますが、買った内容がアプリに反映されるタイミングはカードより早いので、利用内容をより確認しやすい環境が整います。予算を決めてチャージすれば、使いすぎも防げるうえに、払った分はポイントも貯まり、一石三鳥です。

　もちろん、クレジットカードではなく、口座や現金からのチャージでもかまいません。クレジットカードは使いたくないけれどキャッシュレス決済を使いたい、またはポイントを貯めたい人は、この方法がシンプルでいいでしょう。

　スーパーなどによくあるオリジナルの電子マネーで、アプリがなく、プラスチックカードを使う場合は、レジでチャージするのが一般的です。残高はレシートに表示されるので、会計が終わったら確認するようにしましょう。

私は日用品費用に楽天Payを使っています。楽天Payがいわば日用品費のお財布というわけです。残高もわかりやすく、レジで小銭を出す必要もないので、とても快適ですよ。

電子マネーや○○Payなどで支出を管理する

①1か月分の食材費を○○Payにチャージする

②食材を買うときは、必ずチャージした○○Payを使うようにする

③利用内容をすぐに確認できるから、残高を意識した買い物ができる！

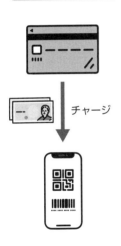

チャージ

キャッシュレスは
安易に増やさない

　カードや電子マネー、○○Payなどのキャッシュレス決済は、とても便利です。しかし、必要以上に増やさないようにしましょう。数が増えると、今度は管理の手間が増え、やりくりが面倒になるからです。

　実際に手を動かす手間だけでなく、銀行の残高を気にする回数が増えたり、損しないためにセール情報やクーポンを毎日見張ったりなど、精神的なコストも増えることを忘れてはいけません。

　たしかに、キャッシュレス決済はポイントが貯まる分、お得です。ただし、あくまでもポイントはおまけです。わずかなお得のために、年がら年中、お金のことを考えていなければいけないような状態になるのは本末転倒。それならば、余計な分は手放して、ラクに管理できる毎日のほうが、私は豊かだと考えています。

貯蓄は、
自動・先取り・別の場所

　貯蓄の王道は、「自動・先取り・別の場所」です。自分で毎月お金を動かすのではなく、貯蓄専用の口座をつくって、そこに自動的に積み立てられる仕組みを整えれば、何も考えずに貯まります。

　自動で貯まる仕組みをつくる方法はいろいろありますが、給与振込を2つの口座に分けられるなら、ひとつは貯蓄用の口座に直接振り込んでもらえば簡単ですね。とにかく、貯めたお金は出費とは別の場所で管理するのがベストです。

　第6章でご紹介しますが、「別の場所」に貯められるという点では、貯蓄型の保険もおすすめです。クレジットカードや引き落しで保険料として定期的に、かつ、自動的に支払われるので、強制力があり、何も考えずに貯められます。

　保険は、「満期前に解約すると大きく元本割れするのがリスク」「保険会社の手数料が高い」「円建ては金利が低すぎる」など、あまりよくいわれません。もっと利回りのよい金融商品ももちろんありますが、保険は強制力があり、学資保険や個人年金保険に代表されるように、多くの人が保険で、しっかり積み立てることで貯蓄を成功させています。

Section 12 学費用の口座は、教育費を 聖域化しないために使う

　子どもがいる方は、子どもの教育に関する出費は、すべて学費用の口座から出すようにしてください。給食費や修学旅行などの積み立て、習い事の月謝、私立の学費など、ひとつの口座で管理することで、教育費にどのくらい使ったかを確認しやすくなります。これは、非常に大事なポイントです。

　なぜなら、教育費は聖域化しやすいためです。「子どものためなら」「可能性を少しでも広げるために」と、小さいうちからたくさんの習い事をさせたり、高い教材を与えたりする家庭が少なくありません。しかし、幼稚園児や小学生時代にお金をかけてしまうと、本当にお金が必要になる中学生以降で苦しくなります。

　長男が中学に入り、教育費ラッシュが始まっている我が家も、「あのときのあの習い事に払っていた5000円が今あれば……」と思う瞬間が多々あります。今は幼保無償化で、幼稚園や保育園時代は家計にゆとりが生まれやすい状況にあります。そのゆとりを全部使い切ってしまわないように、教育費として使っていい分を学費用の口座に入れて、習い事などはその範囲でやりくりしましょう。

130

お金の流れを確認する

　口座とカードを、紙1枚やりくり表に沿って整理できましたでしょうか？　ここまでやりきれた人は、家計管理を仕組み化できた状態です。

　もう一度、紙1枚やりくり表と、口座リストを見ながら、お金の流れを確認していきましょう。次ページのポイントをチェックしてみてください。

　すべてクリアできていれば、あとはひたすら紙1枚やりくり表に沿って暮らしていくだけです。次章では、紙1枚やりくり表を使った、日々の出費と管理のコツについてご紹介します。

　最初にも申し上げたとおり、まずは紙1枚やりくり表を埋めることがすべてを動かす第一歩です。埋められなかった人は、190～197ページのモデル例の金額を見ていったん記入してみましょう。あとは、生活しながら、「ここはもう少し多めに」「ここは減らしてもよさそう」と調整していけば大丈夫です。動いてみることで見えてくるものはたくさんありますので、気負いすぎずに踏み出してみましょう！

お金の流れのポイントチェックリスト

□ 月の収支は、プラスですか？

□ 年の収支は、プラスですか？

□ 毎月入ってきたお金をどう動かすか、決まっていますか？

□ 月の出費は、月の口座から支払う流れができていますか？

□ 年の出費は、年の口座から支払う流れができていますか？

□ 貯蓄は、自動、先取り、別の場所に貯められますか？

□ カードや電子マネーも、それぞれ目的別に仕分けできましたか？

□ 通帳の表紙に、目的をメモしましたか？

□ 貯蓄用の通帳には、目標額をメモしましたか？

□ 家計全体の流れが、頭に入りましたか？

□ パートナーや家族と共有しましたか？

第 **5** 章

毎日を、紙1枚で
やりくりする

紙1枚やりくり表と生活する

　紙1枚やりくり表を書き、口座やカードの整理ができたら、いよいよ紙1枚での家計管理を本格的に始めましょう。本章では、実際に紙1枚やりくり表を生活の中でどのように活用していくか、具体的な方法をお伝えします。

　ラクにやりくりしていくために、大きなポイントとなるのが、「暮らしの仕組み化」です。いくら予算と口座を整理できても、いつも片づけに追われていたり、考えることが多くて余裕がなかったりしていては、お金をコントロールして使う気持ちなど吹き飛んでしまいます。

　冒頭でもお伝えしましたが、我が家は子どもが6人います。細かいことが苦手な私が、どうやって大家族の食事づくりや家事をしながら仕事もできているのかというと、私が動かなくてもよい「仕組みづくり」を徹底しているからです。

　仕組み化で自分にゆとりをつくると、貯蓄にもダイレクトにつながっていきます。私が普段実践していて、小さな子どもがいる家庭でもできるものを紹介しますので、ぜひ参考にしてみてくださいね。

紙1枚やりくり表を
いつも見る場所に貼っておく

　まずは紙1枚やりくり表を「見る」習慣をつくりましょう。忙しい毎日の中では、どれほど真剣に考えた予算やお金の流れも、悲しいくらい簡単に忘れてしまいます。つくった家計を頭に入れるためにも、できるだけ、普段から目にしやすい場所に貼っておくことをおすすめします。

　冷蔵庫の扉や壁、手帳に挟むなど、何かのついでに確認できる環境をつくるとストレスなく見ることができます。外出先で確認できるように、紙1枚やりくり表の写真を撮って、スマホに入れておくのもよい方法です。私は、気になったときにすぐ確認したいので、折りたたんで手帳に挟んでいつも持ち歩いています。

　紙1枚やりくり表を見ると、目標のために予算を決めた自分を思い出すことができ、お金をコントロールして使うマインドを持てます。家計の全体像を頭に入れることで、お金の使い方がぐっと変わってくるので、ぜひ普段から紙1枚やりくり表を「見る」習慣をつけてください。

「お金を使う前に見る」
クセをつける

　では、いよいよ紙1枚やりくり表を使っていきます。ルールはたったひとつ。「お金を使う前に見る」。これだけです。

　その買い物に、いくら使っていいのかを確認してから商品を選ぶのを習慣化しましょう。これさえできれば、家計が崩れることはまずありません。予算を守って買えているので、振り返る必要もありません。

　特に、年の出費は「紙1枚やりくり表を見てから買う」を徹底してください。たとえば、子どもの服を買いに行くときは、家を出る前やお店に入る前に紙1枚やりくり表に書いた予算をチェックしましょう。今日はいくらまで使えるのか、チラッと見ておくだけで、心構えがまったく違ってきます。

　何も見ないで買い物に行くと、「あ、これかわいい！」「ちょうどセールだ。色違いで買っちゃおう」「ボーナスが入ったし、ちょっとくらい衝動買いしても大丈夫だよね」などと、その場の勢いで買ってしまいます。これでは、いつまでも「なぜかお金が足りなくなる」状態から抜け出せません。

　お店に入る前に、紙1枚やりくり表を見ておけば、「今日は3000円までの予算だな」と、予算内で検討する意識を持てます。

紙1枚やりくり表を見てから買い物をする

予算は
いくらかな？

予算オーバーの場合、
調整できるところは
あるかな？

紙1枚やりくり表を
確認してからお店へ！

　もし、どうしてもほしいものがあって予算を超えそうなときも、ほかで調整できるかどうか、冷静に検討できます。

　洋服だけでなく旅行や毎日の食費も、予算の上限を意識しないと、ちょっとずつ多めになってしまいます。「お金を使う前に見る」「買う前に見る」習慣を、ぜひつけるようにしてください。

年の出費は、実際に使った額を　メモしておく

　年の出費は、実際に払った金額を紙1枚やりくり表の「実績」の欄に記入しておきましょう。予定より少ない支払いで済んだ分は、余った分を予算がきついところに回せます。逆に、オーバーした場合は、「代償の法則（32ページ）」を思い出し、ほかの予算を減らして調整しましょう。

　おそらく、最初の数か月は紙1枚やりくり表に書いていなかった出費がポロポロと出てくるはずです。「レンジフードフィルターを年1回は買わなきゃいけなかったのに、予算を取っていなかった」など、あれだけ細かく書いても、生活には本当にさまざまなお金がかかってくるので、まだまだモレはあるものです。こうした出費を、紙1枚やりくり表にメモしておき、今後に生かしましょう。

　私も当初はレシートを紙1枚やりくり表の裏にどんどん重ねて貼っていくという方法をとっていました。

　イベント、住まいのもの、被服費など同じ項目ごとにどんどん重ねて貼っていくだけの簡単な方法ですが、十分参考になります。

給料日をスタート日にしない

　やりくりのスタート日は給料日を避けて、毎月1日など、キリがよくてわかりやすい日に設定しましょう。

　1か月のやりくりは、あえて給料日を避けることをおすすめします。理由は、気持ちに「ムラ」が出てしまうためです。

　給料が入った直後というのは、財布と気持ちにゆとりが出るので、誰でもテンションが上がっています。このため、前半は財布のひもがゆるくなって使いすぎ、後半はカツカツで苦しくなるパターンが多いのです。これでは、やりくりが安定しません。そうなると、家計管理も挫折しやすくなってしまいます。

　紙1枚やりくりでは、家計簿を使いませんので、食材や日用品などの予算は、ムラなく、安定したペースで使っていく必要があります。そのためには、気持ちや暮らしのテンションを一定に保つのがコツです。淡々と同じテンションですごすことで、出費の波を避けられ、穏やかにやりくりできます。

　また、給料日をスタート日にしないことで、混雑するATMに並ぶのも避けられ、時短にもなります。

最初の数か月は、予算通りに できなくても気にしない

　紙1枚やりくり表を見て、予算を守って買いましょう、といったそばからこんなことをいうと怒られそうですが、最初は予算が守れなくて当たり前。気にする必要はありません。

　むしろ、最初のうちは慣れるだけで精一杯、予算オーバーだらけで落ち込む人が多いと思います。実際、ほとんどの方がそうなるので、「どうせ私にはできない」などと自信をなくす必要はまったくありません。

　繰り返しになりますが、紙1枚やりくり表の目的は、予算に合わせてピッタリ買うことではなく、「この予算に沿ってやっていこう」という気持ちを持って生活することです。

　生活していれば、毎日同じではありませんし、子どもの成長や家族の変化に寄り添って、年の途中でも最初の予算から変更せざるを得ない部分も出てきます。紙1枚やりくり表は、ライフスタイルが変わっても、「基本的には、これに沿ってやっていこう」という家計の指針のようなもの。お金をコントロールして使う意識を持つために見るもので、現実は、多少のズレがあって当然です。きっちり合わせることに疲れて、貯蓄をあきらめることのないようにしてください。

最初はうまくいかなくても、だんだん手間ひまをかけて仕組み化したお金の流れに乗ることができ、やりくりも落ち着いていきます。何も考えずに使って後悔したり、足りなくなって困ったりする生き方から、計画を立てて使う、貯めてから使う生き方に変わっていきます。そこから先は、どんどんラクになっていきますので、「最初の2か月は、うまくいかなくて当たり前なんだ」という気持ちで、気負わずに取り組んでみてくださいね。

焦らず
少しずつ貯蓄を
育てていきましょう

お金をおろすのは
月に1回だけにする

　銀行に行くのは、月1回にします。紙1枚やりくり表を書くとき、「月の出費」の支払い方法を整理しましたね。ここを見れば、1か月に必要な現金はいくらか、一目でわかるはずです。その金額を口座からおろしてきましょう。

　おろしてきた現金は、使い道を確認してください。あとでわからなくならないように、おろしてきたらすぐに、紙1枚やりくり表を見て封筒などに振り分けておくとわかりやすくてよいです。もちろん、何に使うお金なのかをおもてに書いて、ラベリングしておきましょう。毎月、同じ内容ならば、100円ショップなどに売っている蛇腹ケースなどを使って仕分けするのもおすすめです（次ページ参照）。

　最初は、少し予算に余裕を持たせておろしてもいいので、追加でおろさないようにしてください。ちょこちょこおろすクセがつくと、いつまでも予算を守れません。おろしたお金の中でやりくりする覚悟を持つことが大事です。

ATM手数料は払わない

　現金をおろすときには、ATM手数料がかからないように曜日や時間帯を確認しましょう。銀行の金利は、0.001％ほどです。これは、100万円を1年間預けても10円しか利息が付かず、税引き後は8円にしかならない計算です。

これに対し、コンビニのATM手数料は220円かかることもあります。そう考えると、いかにATM手数料がもったいないことかを気づかされます。便利だからと無計画にそのとき近くにあったATMを利用するといったことのないように、意識しましょう。

ATM手数料を払わないようにするためには、家の近くにある銀行を利用するのがおすすめです。また、ネット銀行の中には振込手数料を無料としていたり、普通預金金利が高いところもあります。

メガバンクの金利は0.001%で、100万円を1年間預けても10円にしかなりません。ネット銀行の場合0.1%、0.2%付くところもありますので、同じ金額を預けていても1000円、2000円（税引き前）の利息が付くことになります。

手数料や金利はどちらも微々たるものと思うかもしれませんが、貯蓄ができるかどうかはこの微々たるものの積み重ねです。

現金を管理するコツ

〈専用財布や封筒に入れる〉

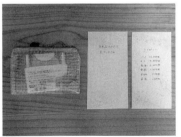

「食材専用財布」「日用品専用財布」など、専用財布をつくると管理がラクです。
封筒に入れる場合は、何の予算かを書いておくと便利です。

〈蛇腹ケースに入れる〉

現金で管理したい費目が多い場合は、仕切りがたくさんある蛇腹ケースにインデックスを付けて現金を入れると、管理しやすくなります。

食材費用の専用財布を持つ

　毎日の中で、一番使うのは食費です。紙１枚やりくり表では、食費は「食材」と「仕事昼食」と「外食」で予算を分けていますが、最も管理が面倒なのが「食材」です。買う頻度も種類も多いうえに、残り予算とにらめっこしながら買わなくてはならないからです。ここを仕組み化できれば、予算管理の手間を大きく減らせます。

　簡単でわかりやすいのが、食材用の専用財布を用意してしまう方法です。財布を開けば、「あといくら使えるか」が一目瞭然で、常に予算の残高を意識できます。残り日数と相談しながら、買うものを考えれば、自然と買いすぎもなくなってくるはずです。

　クレジットカードのポイントを貯めたいという人は、クレジットカードで支払ってしまうと予算の残高がわかりにくいので、いつも行くスーパーで使える電子マネーに食費の予算をチャージして、食材の専用財布として使うという方法がおすすめです。残高もひと目で確認でき、ポイントも貯まります。小銭もやりとりしなくていいので、ラクですよ。

8人家族で食材費を
月6万円におさえる秘訣

ここで、我が家の食費のやりくりについて少し紹介しましょう。我が家は8人家族で、食材費は月6万円です。家計簿なしで、毎月この予算をキープしているというとFP仲間にも驚かれるのですが、コツは「買い物で決着をつけてしまうこと」にあります。ここでは、ポイントを4つ紹介します。

● 買い物の頻度を決める

先にも述べましたが、買い物に行く頻度を決めます。個人的には3日分ずつが一番おすすめです。1週間のまとめ買いだと、買い出しの日は冷蔵庫がパンパン、後半はだんだん食材が減ってスカスカと、食材に「ムラ」が出て、使いにくいためです。かといって2日分ずつだと、毎日のように買い物に行く手間が出てしまいますし、無駄買いもしやすくなります。

3日分なら食材の量もそれほど多くなくて済むので、冷蔵庫も小さくて大丈夫。我が家は8人家族でも、私の身長（148センチ）より小さい冷蔵庫です。食材を一目で見渡せて管理しやすく、これで十分。今後も大型を買うつもりはありません。

一定の頻度で買うことで、食費も自然と安定してきます。数日分ずつ買い、使いきってから次の食材を買えば、食べきれずに捨てるロスが出ません。食費の節約につながるだけでなく、

環境にもいいです。

• 買う量を決める

　1回の買い物で買う量は、買い物カゴ2つ分を目安にしています。このぐらいあれば8人家族でも3日持ちますし、自転車の前と後ろのカゴで運べます。

　買う食材もだいたい決まっていて、野菜はじゃがいも、玉ねぎ、にんじんを1袋ずつ。それにほうれん草などの青いものと、サラダ用のレタスやトマト。あとは肉と魚、卵や牛乳などです。内容と量をだいたい決めて、夫とも共有しているので、どちらが買い出しに行っても、食費が大きくブレることはありません。

• ネットスーパーを使う

　最近は、夫が買い出しに行ってくれるのであまり使っていませんが、以前はネットスーパーを利用していました。ネットスーパーは、商品を画面上でカゴに入れると、合計金額が表示されるので、予算を守って買いやすいのがメリットです。お店に行くと、特売やタイムセールの誘惑に負けて、余計なものまで買ってしまうので、無駄買い防止の意味でも利用する価値が大きいと思います。

　品物は自宅に届けてもらえるので、買い出しに行く時間と労力も節約することができます。重いものはもちろん、冷蔵品と冷凍品を分けて運んでくれるので、冷蔵庫にしまうときもラク。いいことづくしです。

　自宅に届けてもらえるという点では、生協などの宅配もあり

ますが、個人的にはネットスーパーのほうがおすすめです。生協などの宅配は、配達の曜日が決まっています。注文した商品が届くのは翌週のその曜日になってしまうので、その間にスーパーで買ったものとダブってしまったり、予定が変更になって結果的に食材が無駄になってしまったりと、管理が難しいためです。

　宅配を利用するのであれば、完全に宅配だけにするとよいでしょう。スーパーは使わずに、宅配の中ですべてまかなえば、食材費＝宅配予算となって管理しやすく、ダブって買ってしまうミスも防げます。

・**献立は食材とタレのマトリックスで決める**

　以前、献立に悩むのが嫌で、夕食用の調理キットを利用してみたことがありました。野菜と肉や魚といった食材と、調味用のタレがセットで届くのですが、あるときふと、「これって、パターンを決めれば自分でもできるんじゃない？」と気づいたのです。

　結局、献立は素材の組み合わせと味付けの掛け算。これは仕組み化できると思ってつくったのが、次ページの素材と味付けのパターンリストです。

　買い物をするときは、メインとなる肉か魚を3日分選び、組み合わせる野菜を赤、緑、黄色で揃えれば、栄養バランスも整います。買ってきた素材を、好きな味付けで焼くなり、煮るなりすれば、レパートリーはいくらでも増やせます。疲れたとき用に、味の素「Cook Do」などの合わせ調味料を常備しておくと、"疲れた外食"を防ぐことができますよ。

食材の組み合わせと味付けのパターン

〈食材の組み合わせ例〉

| 鶏肉 | 豚肉 |
| 牛肉 | 魚 |

| トマト | キャベツ | きのこ |
| 玉ねぎ | じゃがいも | 大根 |

 〈味付けリスト〉

塩こしょう・めんつゆ・焼肉のたれ・ポン酢・カレー風味・ケチャップ・マヨポン酢・甘辛酢・ネギ塩だれ・中華風味・コンソメ

 〈調理例〉

- 豚肉と大根のマヨポン酢炒め
- 鶏肉とキャベツの中華風味
- 魚ときのこ蒸しポン酢かけ　など

煮たり！
焼いたり！

買い物も
献立を考えるのも
ラクになる！

Section
10

日用品はリスト化する

　洗剤やシャンプー、トイレットペーパーなど、使っている日用品はすべてリスト化しましょう。月に1回、足りなくなったものだけ買えば無駄が出ません。

　リストは、箇条書きで十分です。我が家は下の写真のようにA4サイズの用紙に6回分が収まるようにWordでリストをつくって印刷し、はさみでカットして使っています。

第5章

毎日を、紙1枚でやりくりする

橋本家の日用品リスト

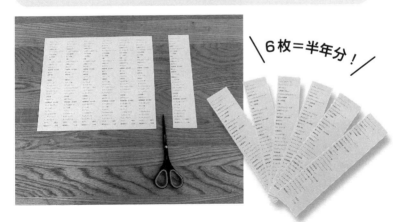

6枚＝半年分！

A4サイズの紙1枚に、6回分のリストを縦長に印刷し、それを切って使っています。1枚印刷すれば、半年間も使えるので負担感もありません。

書き出すとわかりますが、家の中で使っている日用品はかなり種類が多いです。代用できるものは代用して、できるだけ種類を減らし、出費と管理の手間を減らしましょう。

　たとえば、中性洗剤がひとつあれば、家の中の汚れはほぼ対処できます。我が家はほぼ、台所の食器用洗剤と「キッチンハイター」で済ませています。キッチンの「コンロ用」「油汚れ用」などの洗剤や、おそうじシートなどは買っていません。水筒はキッチンハイターで軽く漂白して流し、食洗機で洗ってしまいます。

　トイレも、毎日ブラシで掃除すれば汚れないので、我が家ではトイレ専用の洗剤も置いていません。トイレやお風呂、洗面所の落ちにくい汚れも、キッチンハイターで対処しています。

　ストックは、使っている分プラス１個が目安です。シャンプーなら、お風呂で使っている分のほかに、封を切っていない詰め替え用をひとつ。ストックがゼロだと、次の買い物までの間になくなってしまったとき、いちいち買いに行く手間がかかります。１個予備があれば、だいたい１か月は持ち、非常時や雨が続いて買い物に行けないときにも助かります。

　我が家は洗濯機の上の棚を日用品のストック場所に決めて、そこにリストとペンも置いています。ストックをここから出したものは、リストに丸でしるしをつけます。丸がついたものだけを、次回の買い物で買えばいいので、在庫管理の手間がかかりません。

日用品のストック、リスト、チェック用のペンを一緒に収納

日用品の収納棚の扉の内側に、リストを貼っています。ストックを使ったら、棚に一緒にしまってあるペンを使ってチェック！
買い物に行くときは、このリストを持って行けば、買い忘れの心配もありません。

Section 11

時短になるものには投資する

　ゆとりがないと、予算を守ろうという気持ちも薄れてしまいます。家事の時短になるものには、ケチらず投資することをおすすめします。私は、洗剤は極力買わないようにしていますが、唯一例外があり、こすり洗いをしなくていい風呂用洗剤は買っています。毎日の風呂掃除から解放されて快適なので、これはリストラしません。

　また、便利な家電も利用しています。食洗機は欠かせない我が家のお助けアイテムです。

　もうひとつは、ドラム式洗濯乾燥機。これから洗濯機を買うのなら、洗剤の自動投入機能はぜひ付けることをおすすめします。我が家はここをケチって大失敗！　自動投入機能を付けると、値段がけっこう上がってしまうため、もったいないと思ってやめたのですが。なまじ干す手間を省ける乾燥機付きのドラム型を奮発して買っただけに、毎回洗剤を計る作業が地味に面倒に感じてしまい、なんだか損した気分になりました……。ちょっとケチってしまったために、次の買い替えまでの10年は、洗剤を入れる手間と時間を確実に取られてしまうわけです。わずかな時間とはいえ、積み重なれば大きな差。機械ができる部分があるのなら、そちらを選ぶべきでした。

　そうした失敗から学び、最近買ってよかったものに自動調理

便利な家電は取り入れる

最近、取り入れた「ヘルシオ ホットクック」で調理時間を短縮！ゆとりができました

家電「ヘルシオ ホットクック」があります。食材や調味料を入れるだけで、煮物や蒸し物などを自動で仕上げてくれる調理家電です。我が家はこれを2台買い、ひとつはメインのおかず、ひとつは汁物に使っています。食材を切る手間はありますが、火のそばに立ってかきまぜたりする時間をカットでき、食事づくりがありえないほど時短できるようになりました。炊飯器とホットクック2台のスイッチを入れれば、私がやることはもうほとんどありません。これは、我ながらよい買い物だったと思います。

ホットクックやロボット掃除機などは高いですが、レンタルもあります。家電はふるさと納税で申し込めるものも多いです。

第5章 毎日を、紙1枚でやりくりする

まずは試しに取り入れてみて、もし合わなければ返却、あるいはメルカリなどフリマアプリを使って出品してもいいのではないでしょうか。ちなみに、我が家のホットクック2台のうち1台はメルカリで買いました。1万円程度で購入できたので、お試しにはおすすめです。

　時短になるもの、ゆとりを生んでくれる家電やサービスは、めぐりめぐってお金の流れをよくしてくれて、紙1枚やりくり表でよりラクにお金を貯められるようになります。時は金なりです。手間を省き、ラクをすることに罪悪感を覚える必要はありません。

　我が家では家電がフル稼働して家事を手伝い、私の時間を生み出してくれています。ドラム式洗濯乾燥機が洗濯をし、食洗機が食器を洗い、ロボット掃除機が部屋中を掃除してくれ、ホットクックが調理をしてくれている間に保育園の送り迎えをすることができます。高額ではありますが、これらは時間を生み出す投資です。

うまくいかないときは、ものを減らす

　紙1枚やりくり表を使って家計管理をラクに進めるために、ぜひ実践してほしいのが、家の中のものを減らすことです。「家計管理とものを減らすことに、いったい何の関係が？」と思われるかもしれませんが、実は大ありです。これまで私は、たくさんの家庭を見てきましたが、ものが多い、散らかっているというだけで、お金が出て行く環境になると断言できます。

　まず、ものが多いと、「どこに何があるか」を把握しにくくなります。そのような状態では、ハサミや爪切りも見つからなくて、何度も買ってしまったり、食材もまだ在庫があるのにお店で思い出せず、「なかったかもしれない」と、多く買いすぎたりするミスが多発します。紙1枚やりくり表でどれほど予算を決めても、そうしたちょっとした無駄が積み重なるせいで少しずつ狂い、やがて貯蓄がうまくいかなくなってしまうのです。

　今は、SNSなどに刺激があふれ、「ほしいな」と思ったものは何でもネットで簡単に買えてしまう時代です。ただでさえ必要以上に買ってしまいやすいので、本当に必要なものを見極める意識を持たないと、ものはすぐに増え、お金もなくなります。ものを減らす意識を持つことは、それだけで無駄な支出を減らすことにつながるのです。

ものを減らすと、ひとつひとつを大事に使うようになり、ものが長持ちします。買う頻度も減るので、お金も残ります。何がどこに、いくつあるかを把握できていれば、本当に新しいものを買う必要があるかどうか、判断する力もシャープになります。

　ものが少ない家は、紙1枚やりくりを成功させる土台です。やりくりがうまくいかなくなったときは、だいたい家の中が乱れています。まずはものを減らし、きちんと管理できる家にすることに、力を入れてみてください。

　私は必要なものを必要なときに必要な分だけ持つことを意識しています。多くの方が過去に使っていたものや、いつか使うかもしれないもののせいで、今がとても不便になっています。

　不要なものや必要以上のものは、私たちの時間や労力、お金を奪います。過去でも未来でもなく、「今」必要なものを必要な分だけ持つことが、無駄のない快適な暮らしのコツです。

ものが少ないと子どもでも管理できる

子どもの持ち物も必要な分だけに

ものが少なければ、子どもでも管理しやすくなります。探しものをすることもなくなりますよ！

第 **6** 章

紙1枚やりくり表で、
豊かになる

Section 01 お金を貯める・増やす について考える

　第1章で解説した通り、紙1枚やりくり表を使った家計管理の目的は、自分が希望する生活を手に入れることにあります。細かく予算を決めるのも、カードや口座を整理するのも、将来、やりたいことをあきらめることがないように、貯蓄を確実に達成していくためです。

　お金の貯め方、増やし方にはさまざまな方法がありますが、本章では、同じ金額でもより早く、確実にゴールへ到達するための手順や手法についてお伝えします。お子さんがいる方のために、子どもが6人いるFPである私から、教育費のつくり方についても詳しく紹介します。お子さんがいない方も、「ゴールを設定して、計画的に資産形成していく」点で、考え方は同じですので、ぜひ参考になさってみてください。

　本章で、紙1枚やりくり表の最後の仕上げに取り組んでいきましょう。

何のために、いつ、いくら 必要かを書いて見通す

貯蓄には、目標が大切です。ですが、「1000万円貯めたい！」など、漠然とした目標は避けてください。そもそも1000万円が、あなたの叶えたい未来に必要なのかどうか。それがわからなければ、ゴールに設定する意味がありません。現実的な目標を持つために、これから先の人生に、「何のために」「いつ」「いくら」必要なのか。頭で考えるだけではなく、ライフプラン表に書き出すことから始めましょう。

ライフプラン表とは、この先の人生を1年単位の表にしたもので、161ページ図のように家族の年齢をまず書き込みます。年齢を書くと、子どもが何年後に何年生になるのかわかるので、教育費がかかる時期を確認できます。教育費といえば、大学の費用が最も大きいですが、それ以外にも中学や高校の入学時には制服代や教科書代、受験期には塾代などが必要です。

教育費以外にも、たとえば車の買い替えや車検、住宅のリフォーム、エアコンや冷蔵庫の買い替え、海外旅行なども大きな出費です。こうした出費を書き込み、「何年後にいくらぐらい貯蓄が必要か」を考える資料にしましょう。

我が家のプランは、とにかく子どもたちの教育費を用意することです。我が家は、一番上の長男が本人の強い希望で中学受

験をし、私立中学に進学しました。下の子はダメとはいえないので、全員、希望すれば中学から私立に通わせられる教育費をつくることを目標にしています。

　具体的には、私立の学費を目安として一人につき月10万円を用意する計画です。これを、私の収入と資産運用でまかなうつもりでいます。夫の収入は公立進学用、私の頑張り次第（仕事と資産運用）で、子どもたちが私立に進学できる……というわけです。

　我が家は子どもの年齢が2歳ずつ離れていますので、全員私立中学に進学した場合、2年ごとに教育費の支出が月10万円ずつ増えていきます。つまり、収入を毎年、月5万円ずつ上げていかなくてはなりません。

　ライフプラン表に書き出したところ、恐ろしいことが判明しました。長男が大学4年になる年は、末っ子が中学1年になるので、もし、全員私立に進学していた場合、年間の学費だけで約1000万円になるのです……。

　ですが、私は最初から子どもをたくさん産む予定でいましたので、教育費が莫大にかかることは予想していました。収入も都合よく上がっていくとは限らないので、長男が生まれたときから貯蓄と運用を続けてきたのです。まさに、逆算です。

　教育費を貯めるために生活費の節約も、紙1枚やりくり表でかなり鍛えました。老後資金は、教育費さえ乗り越えられたら、自動的に貯まっていくと思います。

ライフプラン表の例

		2024年	2025年	2026年	2027年	2028年	2029年	2030年	2031年	2032年	2033年	2034年	2035年	2036年	2037年
年齢	パパ	41歳	42歳	43歳	44歳	45歳	46歳	47歳	48歳	49歳	50歳	51歳	52歳	53歳	54歳
	ママ	39歳	40歳	41歳	42歳	43歳	44歳	45歳	46歳	47歳	48歳	49歳	50歳	51歳	52歳
	第一子	12歳	13歳	14歳	15歳	16歳	17歳	18歳	19歳	20歳	21歳	22歳	23歳	24歳	25歳
	第二子	10歳	11歳	12歳	13歳	14歳	15歳	16歳	17歳	18歳	19歳	20歳	21歳	22歳	23歳
学費	第一子	100万円	150万円	120万円	120万円	150万円	120万円	120万円	170万円	150万円	150万円	150万円	就職		
	第二子	30万円	50万円	100万円	150万円	120万円	120万円	150万円	120万円	120万円	170万円	150万円	150万円	150万円	就職
	合計	130万円	200万円	220万円	270万円	270万円	240万円	270万円	290万円	270万円	320万円	300万円	150万円	150万円	
大きな出費の予定	住宅					50万円					50万円				
	車	120万円			300万円			20万円			20万円			300万円	
	その他		30万円					30万円						30万円	
	合計	250万円	200万円	250万円	570万円	320万円	240万円	290万円	320万円	270万円	390万円	300万円	150万円	480万円	

子どもの学費のシミュレーション

リフォームや車の買い替え、車検、家電の買い替えなど大きな出費をシミュレーション

今貯めるべき額を割り出す

　ライフプラン表を書くことで、「今貯めなければいけない額」もおのずと見えてきます。第3章でもお伝えしましたが、貯蓄額はゴールから逆算して決めることが大切です。

　たとえば、10年後の車の買い替えに300万円必要なら、毎年30万円、単純計算で月2万5000円を車用に貯めていく必要があります。教育費として、15年後に400万円つくりたいなら月約2.2万円。10年しかないなら、月約3.3万円です。

　このように「将来必要になる金額とタイミング」から逆算して「今貯めるべき額」を割り出したら、紙1枚やりくり表の貯蓄額と比較してみます。今の貯蓄額が必要な貯蓄額を満たしていればOKですが、満たしていない場合は、なんらかの見直しが必要ということです。

　年に一度は、ライフプラン表と紙1枚やりくり表を照らし合わせて、貯蓄の進捗状況を確認するようにしましょう。

お金は3種類に配分して貯める

　「何のために」「いつまでに」「いくら貯めたいか」を見える化したら、目標に合わせた貯蓄方法を選択します。おすすめの貯蓄方法は「預金」「投資信託」「貯蓄型生命保険」の3つです。3つとも金額が調整しやすく、家計と目的に合わせて貯蓄プランを立てやすいのがメリットです。

　どれがいいというわけではなく、それぞれ流動性やリスクが異なるので、目的や貯蓄できる期間に合わせて組み合わせていくのが基本的なセオリーです。

　後ほど解説しますが、我が家は教育費の貯蓄に、保険と投資信託を利用しています。

　不動産を所有して、賃貸に出して賃料を得る不動産投資に興味を持つ人も多いのですが、あまりおすすめしません。不動産投資はある程度の元手が必要ですし、ローンを組んだり、物件や借りてくれる人を探したりなど、手間もかかります。株式投資も売買単位は100株からが基本で、1株1000円なら10万円必要。やはり、お金がかかり、銘柄を見極める力も必要です。

　FXや暗号資産なども「儲かりそうだから」などの理由で、安易に始めるのはリスクが高く、ギャンブルに近いでしょう。少なくとも、よくわからないのなら避けたほうが無難です。

お金を貯めるときの考え方

目的
- 大学進学のための費用

**いつまでに
いくら
貯めたいか
を確認**
- 10年後までに
- 400万円貯めたい

**貯蓄方法
を決める**
- 学資保険

貯める
- とにかく目的以外のことに使わない

資金が必要なタイミングから逆算して3つの配分を決める

　預金、投資信託、貯蓄型生命保険の3つには、それぞれ次のようなメリット・デメリットがあります。この特性を理解したうえで、必要なときに必要な額を用意できるように、組み合わせていくのが資産形成のポイントです。

　たとえば、近い将来必要になるお金は、元本保証がある預金

預金、投資信託、貯蓄型生命保険のメリット・デメリット

	メリット	デメリット
預金	・好きなときに引き出せて流動性が高い ・元本保証がある	・超低金利 ・お金を増やすことには不向き
投資信託	・長期の積み立てならお金を増やせる可能性が高い ・少額から買うことができる	・元本保証がない ・売却しても現金化するのに数日かかる
貯蓄型生命保険	・強制力があり、続けやすい ・生命保険料控除を受けることができる	・解約時期によっては元本割れする ・流動性は低い

で運用するのがいいでしょう。逆に老後資金など、使うタイミングがずっと先であれば、少しリスクを取って投資信託や保険を上手に組み合わせることで、資産を増やせる可能性をぐっと高めることができます。

■■ 5年以内に使う予定のお金は預金で

5年以内に使うお金は、預金で貯めていきましょう。現在の普通預金の金利は、0.001％とほとんど増えませんが、預金は好きなタイミングで引き出せ、流動性が高いのがメリットです。いつ引き出しても元本割れしないので、確実に用意できる安心感があります。

ネット銀行は、大手都市銀や地銀よりも金利が高いことが多く、キャンペーン時を狙って預ければ、預金でも多少は有利に増やせます。毎月定額を引き落としで貯められる自動積立定期預金を使えば、先取りの仕組み化も簡単です。

我が家の貯蓄は、ほぼ教育費用なので、短期的な目標のための先取り貯蓄はしていません。すべて紙1枚やりくり表の中に落とし込んで、収入の中で支払うようにしています。残ったものが高い利回りで勝手に増えていくよう、楽天銀行（2023年12月現在、普通預金金利0.1％）をメイン口座として利用しています。

■■ 長期で増やすなら投資信託や保険を

3つの貯蓄方法の中で、お金が最も増える可能性が高いのは投資信託です。投資信託がどのようなものかは、168ページで説

166

明します。投資信託はさまざまな種類や商品があり、どれでもいいわけではありませんが、きちんと選んで長期で運用すれば、元本割れのリスクを減らしながら資産を増やせる可能性が高まります。

　過去の研究によれば、長期間の運用で資産が増えるのは不動産でも金でも預金でもなく、株式。株式を使った投資信託を取り入れることで、預金よりお金を増やせる可能性をぐっと高められるのです。

　ただし、売却してもすぐには現金化できません。また、相場によって一時的にマイナスになるなどデメリットもあります。短期の運用では、使いたいタイミングでたまたま相場が悪く、元本割れしている可能性もあるので、少なくとも5年以上、できれば10年以上先に使うお金として運用しましょう。長期で運用すれば、利益が利益を生んでいくようになり、経済ショックが起きても元本割れするリスクは徐々に減っていきます。

　貯蓄型生命保険も、長期の運用なら増やせる商品があるジャンルです。ただし、もしも早期に解約した場合は、解約控除（解約手数料）がかかり元本割れしてしまいます。流動性は3つの中で最も低いので、資産を保険に偏らせすぎるのは必要なときに使えずリスキーです。

投資信託は、投資の中でも使い勝手がいい

　ここからは少し投資信託について解説していきます。投資信託とは、ひとつの商品の中にいくつもの投資対象となる資産が入ったパッケージ型の金融商品です。株式や債券、不動産など複数の資産が含まれ、たくさんの資産に分散投資できるのが特徴です。

　ひとつの商品でいくつもの資産に投資できるので、どれかひとつの資産が下がっても、ほかの資産が上がればカバーでき、リスクを下げることができます。投資信託の中には、何千銘柄もの株式に投資するものもあり、投資の中でも非常にリスクを分散できる商品といえます。

　また、株式を個別に買うとなると、1銘柄につき何十万円も必要になったりしますが、投資信託であれば、金融機関によっては100円から買えます。家計や目的に合わせて調整しやすいのもメリットです。

　投資信託の運用は、資産運用会社が行ないます。ひとつひとつの商品に、ファンドマネージャーという運用担当のプロがつき、私たち個人投資家から集めたお金を運用します。プロが運用するため、「信託報酬」という手数料がかかります。これは、

毎日資産から少しずつ徴収される形です。ほかには、購入時に購入手数料がかかるものや、売却時に信託財産留保額が差し引かれるものもあります。手数料が高いと利益が減ってしまう点には注意が必要です。

・投資信託は非課税制度を使う

投資信託を資産形成に使うときには、国が用意した非課税制度を使いましょう。「NISA（ニーサ）」と「iDeCo（イデコ）」です。NISAもiDeCoも、利益にかかる税金が免除されるという、非常にお得な制度です。

通常、預金の利息も含め、金融商品で得た利益には、約20％の税金がかかります。仮に、100万円の利益が出た場合、約20万円は税金で取られ、手元に残るのは約80万円になってしまうのですが、NISAとiDeCoは税金がかからないので、100万円をまるごと手元に残せます。

・非課税制度は金融機関選びがポイント

NISAもiDeCoも、金融機関が窓口となり、専用口座を開いて取引を開始します。金融機関によって、取り扱う商品が異なり、iDeCoは口座管理手数料も高いところと安いところがあります。あとから金融機関を変更することは可能ですが、手続きに時間がかかるので、できるだけ最初にしっかり選ぶようにしましょう。

おすすめはネット証券です。楽天証券やSBI証券など、ネッ

ト証券は取り扱う商品も幅広く、iDeCoの口座管理手数料も最安レベルです。我が家では、NISAもiDeCoも楽天証券を利用しています。

• NISAはより使いやすい制度に進化

NISAは、2023年までは、「つみたてNISA」と「一般NISA」「ジュニアNISA」の３つに分かれていましたが、2024年からは「ジュニアNISA」は廃止。「つみたてNISA」と「一般NISA」は「新NISA」に統合され、新しい仕組みに生まれ変わりました。最も大きく変わったのは、非課税で投資できる期間が恒久化されたことです。これまで、つみたてNISAの非課税投資期間は最長20年、一般NISAは５年でしたが、新NISAでは撤廃され、非課税制度が無期限で使えるようになりました。

年間投資可能額も大幅に増えました。これまで、つみたてNISAは年間40万円、一般NISAは120万円まででしたが、新NISAでは年間360万円まで増えます。具体的には、つみたてNISAに該当する「つみたて投資枠」に年間120万円、一般NISAに該当する「成長投資枠」に年間240万円、非課税保有限度額は最大で1800万円となります。

さらに、今まではいったん売却すると非課税枠は復活しませんでしたが、新NISAでは売却すると非課税枠が復活し、年間投資可能額、生涯投資可能額の範囲内で再度非課税投資をすることができます。多くの人にとって、投資はこれひとつで十分になるでしょう。

• 投資信託はインデックスファンドを買う

投資信託を初めて買う場合、何千という商品があるため「どれを選べばいいのかわからない」と、ほとんどの方が迷います。迷ったら、「全世界に投資できる株式型のインデックスファンド」を選ぶとよいでしょう。

ちなみに、インデックスファンドのインデックスとは、指数のことです。「日経平均株価」や「TOPIX」、「ニューヨークダウ」など、株式市場にはさまざまな指標がありますが、こうした指標と連動した運用を目指すのがインデックスファンドです。ベンチマークとする指標に基づく運用を行なうので、組み入れる銘柄を調整しやすいためコストが安く、長期の投資に向きます。

インデックスファンドに対し、指標以上の運用を目指すアクティブファンドがあります。こちらは、コストが高くなり、中にはインデックスファンドに勝てないファンドもあります。優良なファンドの見極めは難しいので、まずはインデックスファンドでスタートするのがおすすめです。

ちなみに我が家では、NISAでは「キャピタル・インターナショナル　キャピタル世界株式ファンド」、iDeCoでは「楽天・全世界株式インデックス・ファンド」を購入しています。「キャピタルインターナショナル　キャピタル世界株式ファンド」は、アクティブファンドですが、世界の株式に分散投資するものです。コストはやや高いのですが、高い運用成績を出しています。

• 投資信託は株式100%のものでよい理由

　投資信託には、株式以外に債券で運用するタイプや、株式と債券が混ざったタイプもあります。債券を取り入れると、値動きがマイルドになり、特に相場が下がったときに大きく値崩れしにくく、資産のディフェンス力を高めることができます。

　ただ、リターンはその分少なくなり、株式100%のものと比べると物足りなく感じてくる人が多いのも事実です。また、債券系の投資信託は、たしかに値崩れは少ないのですが、それでも経済ショックのときには下がり、戻ってくるのが遅いです。株式は崩れるときは大きいのですが、戻ってくるときは早いという特徴があります。もちろん、人によってどのぐらいのマイナスまでなら耐えられるのかは異なりますが、私は投資信託は株式100%のタイプに絞って買っていいと考えています。

　理由は、資産全体の中で投資信託の割合が少なければ、大きく崩れたとしても影響は少ないからです。たとえば、預金が8割で投資信託が1割、保険が1割なら、投資信託が半分になったとしても全体から見れば、0.5割しか下がっていないことになります。増えも減りもしない債券をわざわざ投資信託で買うのなら、保険や預金でその分を積み立てて、投資信託は株式だけで運用するほうがわかりやすいです。

　我が家は、保険での貯蓄も多いので、債券は保険で購入していると考え、投資信託は株式100%のものを選んでいます。全体で見れば、だいたい株式と債券が半々ぐらいです。教育費という目的を考えると、リスクの高い株式にばかり投資できない

ので、このバランスを維持するつもりです。

・全世界に投資して、リスクを分散する

　全世界に投資できる株式のインデックスファンドは、全世界
の株式まるごと買うことができるので、究極に分散投資ができ
ます。前述したとおり、長期運用ならば、最も増える可能性が
高いのは不動産でも金でも預金でもなく、株式です。お金を増
やすという目的なら、預金だけでなく、株式の投資信託を組み
入れることを視野に入れましょう。

　全世界に投資できるインデックスファンドに、次のようなも
のがあります。

- eMAXIS Slim　全世界株式（オール・カントリー）／三
  菱UFJアセットマネジメント
- SBI・全世界株式インデックス・ファンド／SBIアセット
  マネジメント
- 楽天・全世界株式インデックス・ファンド／楽天投信投資
  顧問

　選ぶのに困ったら、まずはこのようなインデックスファンド
に投資をすれば、世界中の株式に分散投資ができます。

・毎月、積み立てで買う

　投資信託は、積み立てで買うのが長期で増やすコツです。毎
月、定額で買うことにより、基準価額が高いときは少なく、低

いときは多く買えます。相場は、上がったり下がったりを繰り返すので、積み立てで買うことにより平均取得単価を少しずつ下げていくことができます。

　平均取得単価を下げられると、少し相場が上昇しただけで利益を出しやすい資産になります。コツコツ買うことで、リスクをより軽減しながら資産を増やしていくことができるのです。

• **投資信託は使う時期の少し手前で売却しておく**
　投資信託は、相場によって上がったり下がったりします。大学進学など、使いたい時期が迫ってきたら、早めに売却して預金など安全な資産に切り替えておくようにしましょう。使うタイミングで大暴落が起きる可能性もゼロではないからです。
　実際、2020年3月にはコロナショックが起き、株式相場が大暴落しました。このときは幸い、数か月で復活しましたが、大学の入学金や前期の費用にする予定だった人は、大変な思いをしたはずです。

　たとえば、子どもが18歳のときに使うなら3年くらい前の15〜16歳頃から少しずつ売却を進めておくことをおすすめします。あまり欲張らずに早めに売却するように心がけるのが、損失リスクを回避するコツです。

貯蓄をするなら
生命保険も悪くない

　ここからは、保険について解説していきます。「保険会社に手数料を取られる」「金利が低く、そもそも増えない」「解約時期によっては元本割れする」などのデメリットから、「貯蓄には向かない」という意見が多いです。ですが私は、着実に資産形成するために貯蓄型生命保険は活用できると考えています。我が家は、教育費を貯めるのに保険をしっかり利用しています。

・貯蓄をしながら保障が得られる

　もし、夫婦に万が一のことがあったときでも資金を確保できるのが生命保険の一番のメリットです。貯蓄型生命保険では、生きていたらお金をしっかり貯めることができ、万が一の際にも保険金が下りるので、元気に生きていても、万が一のときでもしっかり資金を確保することができます。

・保険は続けやすいのがメリット

　保険より投資信託のほうがお金は増えます。また、預金のほうがお金を自由に引き出しやすいのは事実です。ただ、実は投資信託は、損しても儲かっても気持ちが揺れて、やめてしまいやすいという側面もあります。その点、保険は「払うもの」「引き落とされるもの」として認識されるせいか、続けられる人が多いのです。預金や投資信託と比べて、流動性は低いですが、

それは貯蓄を守れるというよさでもあります。

・生命保険料控除で税金が安くなる分お得

　生命保険料控除とは、会社の年末調整や確定申告でその年に払った生命保険の保険料を申告することで、所得税と住民税を軽減できる制度です。所得税は最大４万円（新契約の場合）、住民税は最大2.8万円を所得から控除できます。

　所得税は年間の保険料が８万円を超えると、一律４万円の控除が受けられます。住民税は、保険料が年間5.6万円を超えると、一律2.8万円の控除が受けられます。

　では、生命保険料控除で、どのぐらい所得税と住民税を軽減できるのでしょうか。その人の税率や家族構成によって異なりますが、たとえば、年収400万円の単身者が、所得税で４万円、住民税で2.8万円の生命保険料控除を受けた場合、4800円が軽減されます。払い込んだ生命保険料が仮に８万円だった場合、６％戻ってくる計算ですので、預金と比べてずっとお得です。

・保険料控除は３種類あるのでフル活用を

　なお、生命保険料控除は、生命保険料のほかに、個人年金保険料、介護医療保険料も、それぞれに所得税で最大４万円、住民税2.8万円の控除を受けられます。３種類すべて８万円ずつ加入した場合、合計で所得税は12万円、住民税は8.4万円の控除で、先ほどの年収400万円の単身者のケースでは、最大１万4400円が軽減される計算となります。

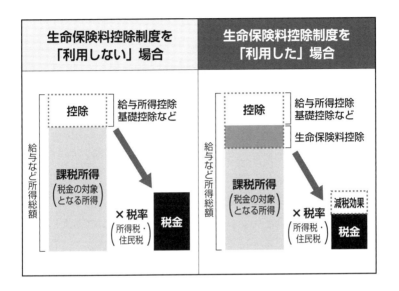

生命保険料控除とは

生命保険料控除制度を 「利用しない」場合	生命保険料控除制度を 「利用した」場合

利用しない場合

給与など所得総額

控除 — 給与所得控除 基礎控除など

課税所得（税金の対象となる所得）

×税率（所得税・住民税）

税金

利用した場合

給与など所得総額

控除 — 給与所得控除 基礎控除など

生命保険料控除

課税所得（税金の対象となる所得）

×税率（所得税・住民税）

減税効果

税金

　貯蓄型の生命保険で、我が家が加入しているのは終身保険と変額保険、支払った保険料が戻ってくるタイプの医療保険、個人年金保険です。

　我が家は、子どもの教育費用に終身保険（低解約返戻金型）に月1万円ずつ6本、変額保険、医療保険、個人年金保険に夫婦でそれぞれ月5000円ずつ加入しています。

　終身保険に関してはやや入りすぎと思われるかもしれませんが、死亡保障も付けておきたい教育費のための保険（貯蓄）であり、目的を持って加入しているのでよしとしています。

・保険料はクレジットカードで払う

　保険料をクレジットカード払いすれば、ポイントも付きます。1％還元のクレジットカードなら、年10万円の保険料で1000円相当の還元です。クレジットカード払いができる保険会社であれば、ぜひクレジットカード払いに切り替えましょう。その際は、紙1枚やりくり表を確認し、預金、貯蓄用の口座に紐づくクレジットカードを使ってくださいね。

　我が家も、保険料はもちろん、NISAの積み立てもカード払いにし、ポイントを毎月自動で貯めています。

・学資保険は、満期日に注意する

　子どもの教育費といえば、学資保険を思い浮かべる人も多いのではないでしょうか。今の学資保険は返戻率が低く、長期で払い込んでもあまり増やせませんが、「教育費に使うお金」としてラベリングでき、手をつけにくいというメリットがあります。子どもが小さいうちに加入すれば、返戻率も高くなります。

　ただし、契約する際は満期日には注意してください。子どもが18歳になる誕生月が満期となるケースが多いのですが、推薦入学で大学に進学する場合、高3の9月に入学金や前期の学費を振り込む可能性もあります。必ず高3の夏には満期がくるように設定しておきましょう。

・終身保険でフレキシブルに運用する

　学資保険より、長い目で見て柔軟な運用ができるのが終身保険です。学資保険は、決まったタイミングで保険金が出るのが

メリットですが、それは逆にいうとそれ以上長く運用はできないというデメリットでもあります。

そこで、より使い勝手のいい保険としておすすめしているのが終身保険です。終身保険は、解約時期を自分で決めることができる保険です。特に低解約返戻金型の終身保険の場合、保険料を払い込んでいる間は解約返戻金が低く設定されている代わりに保険料がおさえられ、払い終わったあとは受け取れる額が増加していくという特徴があります。学資保険の代わりに利用しやすい保険です。

たとえば、子どもが高3の時点で、収入が増えていたり、ほかの貯蓄がうまくいっていたり、進学せずに就職したりなど、用意した学費を使わずに済むことはままあります。そうした場合に、「じゃあ、この保険は老後資金にしよう」と、そのまま手をつけずに置いておくことができ、そうすると、解約返戻金は増えていきます。

あるいは、「中学受験することになった」「留学することになった」など、まとまった金額が必要になるタイミングは、いつくるかわかりません。学資保険ですと、決まったタイミングでしか保険金がおりませんが、終身保険であれば融通が利くのもメリットといえます。

我が家も、子どもたちの教育資金に低解約返戻金型の終身保険を活用しています。払い込み期間を10年に設定し、子どもが生まれた月から毎月1万円ずつ積み立てています。小学校4年生になったら払い込みが終わり、中学入学時点で解約した場合、

解約返戻金は137万円ほどになる予定です。積み立てた元本は60万円ですので、17万円ほどプラスです。もし、中学受験をするなら入学費用に使ってもいいし、使わなければそのまま置いておけば増えるので、高校、大学の教育費にしようと考えています。

・ **変額保険で資産運用しながら死亡保障を確保する**

変額保険とは、死亡時の保障額や解約時の返戻金が、運用成績によって変動する保険です。ただし、死亡保障については、契約した金額が最低限支払われるので、運用成績が悪くても保障が減るということはありません。

たとえば、死亡保障が500万円の変額保険の場合、たとえ運用成績が悪いタイミングで亡くなったとしても、500万円の保険金はおります。逆に、運用成績がよいタイミングで亡くなった場合は、500万円以上の保険金がおります。運用は投資信託などから自分で選ぶので、死亡保障のついた投資信託ともいえるでしょう。

変額保険のメリットは、運用が投資信託などの金融商品なので、長期で運用するなら資産を増やしやすい点です。もちろん、普通に投資信託を購入したほうがコストは安くおさえられますが、変額保険にすることで、死亡保障も同時に確保することができます。

私も以前は「保険で貯蓄なんて、手数料が取られるのにもったいない」と思っていましたが、ＦＰとして相談を受ける中で、

保険もあながち悪くないと考えるようになりました。

　なぜなら、貯蓄や投資を続けることが苦手な人であっても、保険という形にしておくことで、積み立てが続けられていたという人が大多数だったからです。

　変額保険の場合も、早期に解約すると、解約控除（解約手数料）が引かれ、元本割れする可能性が高いですし、解約返戻金額が運用成績に左右されてしまいますが、10年以上かけて貯めていくものであれば選択肢のひとつとしてアリだと思います。

　生命保険料控除を受けることもできますし、保険料をクレジットカード払いにすることでポイントも付けることができます。

　私も葬式代程度の死亡保障の確保と、将来のための貯蓄のひとつとして、変額保険を取り入れています。

円安円高の影響がわかれば
ドル建て保険も活用できる

　ドル建て保険は保険料、保険金、解約返戻金の支払いがドルで行なわれ、ドルで運用される保険です。近年、円建ての貯蓄型保険はほとんど増えないことから、予定利率の高いドル建て保険の人気が高まっています。ただし、ドル建て生命保険は保険料を支払うときも、保険金や解約返戻金を受け取るときも、為替の影響を受けるという点をしっかり理解しておく必要があります。

　ドル建て終身保険の多くは、「月100ドル」といった具合にドルで保険料が決まっています。実際に保険料を支払うときには、円で支払うので、支払い時の為替によって円換算額が変わり、円安になると保険料が上がってしまいます。毎月100ドルの保険料の場合、1ドル100円なら1万円ですが、1ドル140円なら1万4000円です。
　支払うときは、円安になると大変ですが、保険金や解約返戻金を受け取るときは、円安になると受け取り金額が増えるということになります。受け取る保険金が1万ドルの場合、1ドル100円なら100万円、1ドル140円なら140万円です。

　ドル建ての生命保険に加入する場合は、保険料が円で固定されたもののほうが、家計管理はしやすいでしょう。特約を付け

ることにより、ドル建て保険でありながら保険料を円で固定できるものもあります。

　ちなみに、我が家は終身保険（低解約返戻金型）は、ドル建てと円建ての両方に加入しています。ドル建てのほうは保険料がドルで決まっており、支払う際に変動してしまうものです。それでもドル建てに加入したのは、円建てだとほとんど増えなくなってしまったことと、ドル建て終身保険のほうが安い保険料で死亡保障が多く備えられることが理由です。また、個人年金保険はドル建てですが、保険料が円で固定されたものに加入しています。

　「日本に住んでいるからドル資産は要らないのでは？」と思うかもしれませんが、為替による生活への影響は日本に住んでいても大きいということは、昨今の円安による物価高で実感しているのではないでしょうか。円とドルの両方を持っていれば、お金を使いたいときに、円安であればドルを使う、円高であれば円を使うなど、どちらにも対応できます。

保障のための保険は掛捨でよい

　本書では、保障を備えた貯蓄方法としての保険の活用方法について紹介しましたが、貯蓄は投資や預貯金で十分という方は、保障は別の保険で備えましょう。

　死亡保障は保険料の安い掛捨で備えることができます。また、万が一のときには、遺族には遺族年金が支払われます。医療保障については、高額療養費制度や傷病手当金、医療費控除などの制度を活用すれば、医療費をおさえたり、治療による収入の減少にも備えることができます。公的制度が充実しているため、必ずしも医療保険に加入したり、特約をあれこれ付ける必要はないと思います。

　「もしも」のことを心配しすぎて特定の病気を想定して保険に入ったとしても、その病気にはならずに交通事故にあうかもしれないからです。保険に入りすぎるよりも、その分を預金や投資に回しておけば、病気やけがで働けなくなったとしても、何のトラブルもなく元気に好きなことに使いたいと思ったとしても、どちらの状況になってもお金を自由に使うことができますよ。

老後資金は
iDeCoでお得に備える

老後資金を貯めるなら、NISAと同じく、非課税で運用できるiDeCoを活用しましょう。iDeCoは、運用益が非課税になるだけでなく、積み立てた掛け金が全額所得控除の対象となるので、毎年の所得税と住民税を大きく軽減できるという強力な節税メリットがあります。

iDeCoは、金融機関によって取り扱う商品は異なりますが、預金、保険、投資信託の中から自分で選んだ商品を、毎月定額で買っていくシステムです。老後資金をつくることを目的とした制度ですので、原則60歳まで引き出せません。つまり、長期運用が前提なので、資産が増える可能性の高い投資信託を選ぶことをおすすめします。

掛け金は、加入している年金によって異なりますが、企業年金などがない会社員の場合は、月額2万3000円が上限額です。上限額まで使う必要はなく、5000円以上であれば、千円単位で設定できます。

ただ、子育て世代は老後資金の前に教育費を無事に乗りきることが大事です。老後が不安だからと老後資金の配分を多くしすぎて、教育ローンを借りることにならないように気をつけてください。

教育費は大学入学までに
400万円は貯めたい

　ここからは少し、教育費について触れたいと思います。子どもがどのような進路を選ぶかはわかりませんが、多くの子は高校を卒業後、大学や専門学校に進みますので、この費用を貯めるのが教育費のひとつの目標です。

　私立の四年制大学の場合、1年間の学費平均は文系で約96万円、理系で約132万円[1]です。これに、初年度は入学金もかかります。国公立は学部に関係なく、授業料は約54万円[2]ですが、県外に進学すれば一人暮らしの費用もかかるため、一概に安いとはいえません。専門学校も授業料は高く、私立大学と同程度かかると思ってよいでしょう。

　教育費の目標目安としては、高校卒業時点で400万円をおすすめしています。最低でも300万円、できれば500万円くらいあれば安心です。400万円あれば、入学金や入学時のパソコン代、引越し代を含め、2〜3年分の学費は間に合います。不足分は通いながら貯めていくこともでき、奨学金を借りるにしても最後の1年分くらいで済むので、子どもに負担をかけすぎずに済みます。

※1　文部科学省　令和3年度私立大学入学者に係る初年度学生納付金平均額より、授業料、施設設備費を抜粋。

※2　文部科学省　国公私立大学の授業料の推移より。

中学受験する場合の学費目安

　少し前までは、中学受験するのはクラスのごく一部の子くらいでしたが、今はかなりの人数が受験するようになり、都市部だけでなく地方にも「中学から私立志向」の動きが広がっています。

　中学から私立に通わせる場合、気になるのは学費ですが、文科省の「子供の学習費調査（令和3年度）」によると、年間で約144万円（塾代含む）です。授業料だけ見れば約48万円ですが、それ以外に学校納付金や、通学定期代、修学旅行費、学用品費などが公立より高くなり、塾に行かなくても年100万円は超えます。

　中学には、高校のように授業料無償化の助成制度もありません。少なくとも、大学の学費を貯めながら月10万円を払い続けられる経済的余裕がないと、厳しいと思ったほうがいいでしょう。我が家も、一人につき月10万円を払うつもりで計画しています。

　受験前にも、小学校3年生くらいから塾に通い始めるため、塾代も用意する必要があります。子どもが一人なら、ママのパートでもなんとかなりますが、二人、三人いる場合は慎重にプランニングしましょう。

資料：文部科学省「子供の学習費調査（令和3年度）」https://www.mext.go.jp/content/20221220-mxt_chousa01-100012573_3a.pdf

高校3年時にも
100万円を用意しておく

　「大学入学までに400万円」と説明しましたが、大学に入る直前の高校3年時の受験期にも、お金がかなりかかります。一般受験する場合、受験費用や塾代に100万円以上かかることも珍しくないからです。この費用は、大学のお金とは別に貯めておきたいところです。

　私立大学の受験費用は1回あたり3万5000円が相場です。私立大学の受験は、受験日さえ重ならなければ、いくらでも受けられ、滑り止めを含めて一人10回以上試験を受けるケースは珍しくありません。県外の大学を受験する場合は、交通費や宿泊費も必要です。

　私立高校の場合、学校に受験対策コースがあることが多いですが、公立高校だと外部の塾に通うことになります。塾に通えば、月謝以外に夏期講習、冬季講習、補習、模試代などに「課金」も必要です。

　塾代がきついからと、大学用に貯めていたお金を使ってしまうと、あとが苦しくなります。下の子がいる場合、その子の教育費にも影響してきてしまうので、高校3年用の教育費はおろそかにできません。もし、推薦で入学が決まり、塾代がかからなければ、受験用に貯めたお金は留学費用や老後資金に回すこ

ともできます。備えあれば、憂いなしです。

　教育費は、使うタイミングが決まっているので「ちょっと待って」ができません。繰り返しになりますが、逆算して今いくら貯める必要があるのかを見極め、粛々と貯めていくしかないのです。このままでは厳しいなと思ったら、紙1枚やりくり表を見て、削れるところをもう一度探してみましょう。年の出費で、被服費を一人1000円削るなど、広く薄く削ってみる方法もおすすめです。意外と大きな金額が生まれたりします。

　「もう削れない」と思っても、あとひと押し。その先に、何があってもブレずに目標を達成していく、強い家計ができることを、私が保証します。

　さあ、頑張って！

〈紙1枚やりくり表のモデル例〉

モデル例1　年収およそ600万円・夫婦＋小学生2人世帯

月の収入

	口座	金額
パパ	三井住友	300,000
ママ	みずほ	50,000
児童手当	三井住友	20,000
合計	A	¥370,000

ボーナス・臨時収入

	口座	金額
パパ	三井住友	600,000
ママ		
合計	B	¥600,000

月の出費

費目	方法	口座	金額
食材	カ	三	60,000
仕事昼食	現	み	15,000
外食	カ	三	15,000
日用品	カ	三	7,000
ペット			
美容・健康	カ	三	5,000
医療費			
住居費	引	三	80,000
水道代	カ	三	5,000
電気代	カ	三	10,000
ガス代	カ	三	5,000
スマホ・ネット	カ	三	10,000
サブスク			
新聞・受信料			
クリーニング代			
交通費	カ	三	10,000
車関連費	カ	三	5,000
学校関連	引	ゆ	10,000
保育関連			
学童			
文房具・学用品・書籍	現	み	3,000
大人習い事			
子ども習い事	引	ゆ	15,000
レジャー費	カ	三	10,000
パパ小遣い	現	三	20,000
ママ小遣い	現	三	10,000
子ども小遣い	現	三	1,000
ローン・奨学金			
社保・税金			
予備費	現	み	1,000
生命保険（掛捨）			
生命保険（貯蓄）	引	三	20,000
NISA・iDeCo	引	三	53,000
先取り貯蓄			
合計	C		¥370,000
月収支（A-C）	D		¥0

年の出費

費目	方法	口座	金額
イベント・旅行・帰省代	カ	三	102,000
住まいのもの・家具・家電代	カ	三	34,000
被服費（子ども）	カ	三	90,000
被服費（大人）	カ	三	35,000
車関連費	カ	三	150,000
住宅関連費	引	三	35,000
写真代	現	三	6,000
交際費	現	三	6,000
医療費	現	三	13,000
ふるさと納税	カ	三	45,000
年会費	カ	三	6,500
受信料（NHK）	カ	三	22,000
社保（国保・年金）			
税金			
学費			
生命保険（掛捨）			
生命保険（貯蓄）			
NISA・iDeCo			
先取り貯蓄	現	楽	50,000
合計	E		¥594,500

年間収支

年間収入合計	A*12+B	F	¥5,040,000
年間支出合計	C*12+E	G	¥5,034,500
年間収支（F-G）		H	¥5,500

月支払い方法別集計

方法	口座	金額
現金合計		50,000
カード合計		142,000
電子マネー合計		
引落し合計		178,000
合計		¥370,000
年間貯蓄額（※合計）		¥926,000

イベント・旅行・帰省代

内容	予算	実績
春休み	3,000	
GW		
夏休み	5,000	
冬休み	5,000	
パパ誕生日	1,000	
ママ誕生日	1,000	
第一子誕生日	2,000	
第二子誕生日	2,000	
第三子誕生日		
祖母誕生日	1,000	
祖母誕生日	1,000	
祖父誕生日	1,000	
祖父誕生日	1,000	
父の日	2,000	
母の日	2,000	
こどもの日		
運動会	2,000	
ハロウィン	1,000	
クリスマス	3,000	
お正月	10,000	
バレンタイン	3,000	
ひな祭り		
発表会		
帰省	3,000	
旅行	50,000	
入学・卒業		
合計	¥102,000	

住まいのもの・家具・

内容	予算
タオル	2,000
マット類	2,000
スリッパ	2,000
シーツ・枕カバー	5,000
布団メンテナンス含	5,000
キッチン用品	3,000
弁当箱・水筒	2,000
収納・カバー	2,000
暑さ・寒さ対策グッズ	2,000
カーペット防音対策	2,000
家具	
家電	
ガーデニング	
自転車メンテナンス含	5,000
PC関係	
雑貨	2,000
合計	¥34,000

生命保険（掛捨）

名称	目的	年間保険料

生命保険（貯蓄）

金融商品名	目的	
学資保険	学費（第一子）	
学資保険	学費（第二子）	
	学費（第三子）	
	住宅	
	老後	
	車	
	家電	
	旅行	
	将来	
合計	合計※	¥

被服費（子ども）

内容	予算	実績
制服 円×		
体操着 円×		
プール関係 00 円×2	2,000	
部活・スポーツ 円×		
上靴 00 円×2	2,000	
長靴 00 円×2	2,000	
うわかき 00 円×2	2,000	
春秋靴 00 円×2	5,000	
春秋靴下 00 円×2	2,000	
秋パジャマ 00 円×1	2,000	
春秋下着 00 円×2	6,000	
春秋 00 円×2	10,000	
夏靴 00 円×2	5,000	
夏服下 00 円×2	2,000	
夏パジャマ 00 円×1	2,000	
夏下着 円×	4,000	
夏服 円×	10,000	
冬靴 円×	10,000	
冬靴下 00 円×2	2,000	
冬パジャマ 00 円×1	2,000	
冬下着 円×	4,000	
冬服 00 円×2	10,000	
冬コート 00 円×2	6,000	
こども特別服 円×		
合計	¥90,000	

被服費（大人）

内容	予算	実績
パパ仕事 服・靴・その他	10,000	
パパ普段 服・靴・その他	10,000	
パパ特別 服・靴・その他		
パパスポーツ	5,000	
ママ仕事 服・靴・その他		
ママ普段 服・靴・その他	10,000	
ママ特別 服・靴・その他		
ママスポーツ		
合計	¥35,000	

車関連費

内容	予算	実績
保険料	65,000	
税金	35,000	
車検	50,000	
タイヤ		
メンテナンス		
合計	¥150,000	

住宅関連費

内容	予算	実績
固定資産税		
保険料		
更新料	35,000	
合計	¥35,000	

写真代

内容	予算	実績
社会見学	2,000	
運動会	2,000	
学芸会	2,000	
合計	¥6,000	

交際費

内容	予算	実績
結婚式		
香典	3,000	
お祝い	3,000	
お中元・お歳暮		
年賀状		
合計	¥6,000	

医療費

内容	予算	実績
健診	3,000	
予防接種	5,000	
検診		
受診	5,000	
合計	¥13,000	

ふるさと納税

内容	予算	実績
米	30,000	
肉	15,000	
合計	¥45,000	

年会費

内容	予算	実績
クレカ		
サブスク	5,000	
町内会費	1,500	
所属団体会費		
合計	¥6,500	

NISA・iDeCo（貯蓄）

金融商品名	目的	年間積立額
	学費（第一子）	
	学費（第二子）	
	学費（第三子）	
	住宅	
iDeCo	老後	276,000
	車	
	家電	
	旅行	
NISA	将来	360,000
合計※		¥636,000

先取り貯蓄（貯蓄）

金融商品名	目的	年間貯蓄額
	学費（第一子）	
	学費（第二子）	
	学費（第三子）	
	住宅	
	老後	
	車	
	家電	
	旅行	
楽天普通預金	将来	50,000
合計※		¥50,000

── MEMO ──

モデル例2　年収およそ850万円・夫婦＋高校生1人＋大学生1人世帯

月の収入

	口座	金額
パパ	三井住友	400,000
ママ	みずほ	80,000
児童手当		
合計	A	¥480,000

ボーナス・臨時収入

	口座	金額
パパ	三井住友	800,000
ママ		
合計	B	¥800,000

月の出費

費目	方法	口座	金額
食材	カ	三	70,000
仕事昼食	現	み	15,000
外食	カ	三	20,000
日用品	カ	三	10,000
ペット			
美容・健康	カ	三	10,000
医療費			
住居費	引	三	100,000
水道代		三	5,000
電気代	カ	三	10,000
ガス代		三	5,000
スマホ・ネット	カ	三	15,000
サブスク			
新聞・受信料	カ	三	2,000
クリーニング代			
交通費	カ	三	30,000
車関連費			
学校関連	引	み	10,000
保育関連			
学童			
文房具・学用品・書籍	現	み	10,000
大人習い事			
子ども習い事			
レジャー費			
パパ小遣い	現	み	15,000
ママ小遣い	現	み	5,000
子ども小遣い	現	み	8,000
ローン・奨学金			
社保・税金			
予備費			
仕送り	振	三	80,000
生命保険（掛捨）			
生命保険（貯蓄）			
NISA・iDeCo	引	三	28,000
先取り貯蓄			
合計		C	¥448,000
月収支(A-C)		D	¥32,000

年の出費

費目	方法	口座	金額
イベント・旅行・帰省代	カ	三	140,000
住まいのもの・家具・家電代	カ	三	45,000
被服費（子ども）	カ	三	96,000
被服費（大人）	カ	三	35,000
車関連費			
住宅関連費	引	三	70,000
写真代			
交際費	現	三	6,000
医療費	現	三	10,000
ふるさと納税	カ	三	70,000
年会費	カ	三	5,000
受信料（NHK）			
社保（国保・年金）			
税金			
学費	引	三	550,000
生命保険（掛捨）			
生命保険（貯蓄）			
NISA・iDeCo			
先取り貯蓄			
合計		E	¥1,027,000

年間収支

年間収入合計	A*12+B	F ¥6,560,000
年間支出合計	C*12+E	G ¥6,403,000
年間収支 (F-G)	H	¥157,000

月支払い方法別集計

方法	口座	金額
現金合計	みずほ	53,000
カード合計	三井住友	177,000
電子マネー合計		
引落し合計	みずほ三井住友	138,000
振込み合計	三井住友	80,000
合計		¥448,000
年間貯蓄額（※合計）		¥336,000

イベント・旅行・帰省代

内容	予算	実績
春休み	5,000	
GW	5,000	
夏休み	10,000	
冬休み	5,000	
パパ誕生日	2,000	
ママ誕生日	2,000	
第一子誕生日	2,000	
第二子誕生日	2,000	
第三子誕生日		
祖母誕生日	2,000	
祖母誕生日	2,000	
祖父誕生日	2,000	
祖父誕生日	2,000	
父の日	4,000	
母の日	4,000	
こどもの日		
運動会		
ハロウィン		
クリスマス	3,000	
お正月	10,000	
バレンタイン	3,000	
ひな祭り		
発表会		
帰省	5,000	
旅行	70,000	
入学・卒業		
合計	¥140,000	

住まいのもの・家具・

内容	予算
タオル	3,000
マット類	3,000
スリッパ	2,000
シーツ・枕カバー	5,000
布団メンテナンス含	5,000
キッチン用品	3,000
弁当箱・水筒	3,000
収納・カバー	3,000
暑さ・寒さ対策グッズ	5,000
カーペット防音対策	3,000
家具	
家電	
ガーデニング	
自転車メンテナンス含	5,000
PC関係	
雑貨	5,000
合計	¥45,000

生命保険（掛捨）

名称	目的	年間保険料
合計		

生命保険（貯蓄）

金融商品名	目的	
	学費（第一子）	
	学費（第二子）	
	学費（第三子）	
	住宅	
	老後	
	車	
	家電	
	旅行	
	将来	
合計	合計※	

被服費（子ども）

内容	予算	実績
制服 円×		
体操着 円×		
プール関係		
靴・スポーツ ○○円×2	50,000	
上靴 円×		
長靴 円×		
かさ		
春秋靴 ○○円×2	10,000	
春秋下 ○円×2	2,000	
秋パジャマ		
春秋下着 円×		
春秋服 円×		
夏靴 円×		
夏下 ○円×2	2,000	
夏パジャマ 円×		
夏下着		
夏服 ○○円×2	10,000	
冬靴 ○○円×2	10,000	
冬靴下 ○円×2	2,000	
冬パジャマ		
冬下着		
冬服		
冬コート ○○円×	10,000	
こども特別服 円×		
合計	¥96,000	

被服費（大人）

内容	予算	実績
パパ仕事 服・靴・その他	10,000	
パパ普段 服・靴・その他	10,000	
パパ特別 服・靴・その他		
パパスポーツ	5,000	
ママ仕事 服・靴・その他		
ママ普段 服・靴・その他	10,000	
ママ特別 服・靴・その他		
ママスポーツ		
合計	¥35,000	

車関連費

内容	予算	実績
保険料		
税金		
車検		
タイヤ		
メンテナンス		
合計		

住宅関連費

内容	予算	実績
固定資産税		
保険料		
更新料	70,000	
合計	¥70,000	

写真代

内容	予算	実績
合計		

交際費

内容	予算	実績
結婚式		
香典	3,000	
お祝い	3,000	
お中元・お歳暮		
年賀状		
合計	¥6,000	

医療費

内容	予算	実績
健診		
予防接種		
検診		
受診	10,000	
合計	¥10,000	

ふるさと納税

内容	予算	実績
米	50,000	
シャインマスカット	20,000	
合計	¥70,000	

年会費

内容	予算	実績
クレカ		
サブスク	5,000	
町内会費		
所属団体会費		
合計	¥5,000	

NISA・iDeCo（貯蓄）

金融商品名	目的	年間積立額
	学費（第一子）	
	学費（第二子）	
	学費（第三子）	
	住宅	
iDeCo	老後	276,000
	車	
	家電	
	旅行	
NISA	将来	60,000
合計※		¥336,000

先取り貯蓄（貯蓄）

金融商品名	目的	年間貯蓄額
	学費（第一子）	
	学費（第二子）	
	学費（第三子）	
	住宅	
	老後	
	車	
	家電	
	旅行	
	将来	
合計※		

─── MEMO ───

月の収入

	口座	金額
夫	三菱UFJ	170,000
妻	みずほ	170,000
合計	A	¥340,000

ボーナス・臨時収入

	口座	金額
夫	三菱UFJ	200,000
妻	三菱UFJ	200,000
合計	B	¥400,000

月の出費

費目	方法	口座	金額
食材	カ	み	50,000
仕事昼食			小遣いより
外食	カ	U	30,000
日用品	カ	み	10,000
ペット			小遣いより
美容・健康			小遣いより
医療費			小遣いより
住居費	カ	U	60,000
水道代	カ	み	3,000
電気代	カ	み	10,000
ガス代	カ	み	5,000
スマホ・ネット	カ	み	5,000
サブスク			
新聞・受信料	カ	み	2,000
クリーニング代	カ	み	5,000
交通費			小遣いより
車関連費			
学校関連			
保育関連			
学童			
文房具・学用品・書籍			
大人習い事			
子ども習い事			
レジャー費			
夫小遣い	現	U	50,000
妻小遣い	現	み	50,000
子ども小遣い			
ローン・奨学金			
社保・税金			
予備費			
生命保険(掛捨)			
生命保険(貯蓄)			
NISA・iDeCo	引	各自	60,000
先取り貯蓄			
合計		C	¥340,000
月収支(A-C)		D	¥0

年の出費

費目	方法	口座	金額
イベント・旅行・帰省代	カ	U	150,000
住まいのもの・家具・家電代	カ	み	40,000
被服費(子ども)			
被服費(大人)			小遣いより
車関連費			
住宅関連費	引	み	50,000
写真代			
交際費			小遣いより
医療費			
ふるさと納税	カ	各自	30,000
年会費	カ	み	5,000
受信料(NHK)			
社保(国税・年金)			
税金			
学費			
生命保険(掛捨)	引	各自	48,000
生命保険(貯蓄)			
NISA・iDeCo			
先取り貯蓄	現	み	50,000
合計		E	¥373,000

年間収支

年間収入合計	A*12+B	F ¥4,480,000
年間支出合計	C*12+E	G ¥4,453,000
年間収支(F-G)	H	¥27,000

月支払い方法別集計

方法	口座	金額
現金合計	UFJ・みずほ	100,000
カード合計	UFJ・みずほ	180,000
電子マネー合計		
引落し合計	UFJ・みずほ	60,000
合計		¥340,000
年間貯蓄額(※合計)		¥770,000

イベント・旅行・帰省代

内容	予算	実績
春休み		
GW		
夏休み		
冬休み		
パパ誕生日		
ママ誕生日		
第一子誕生日		
第二子誕生日		
第三子誕生日		
祖母誕生日		
祖母誕生日		
祖父誕生日		
祖父誕生日		
父の日		
母の日		
こどもの日		
運動会		
ハロウィン		
クリスマス	10,000	
お正月	10,000	
バレンタイン		
ひな祭り		
発表会		
帰省	30,000	
旅行	100,000	
入学・卒業		
合計	¥150,000	

住まいのもの・家具・

内容	予算
タオル	3,000
マット類	3,000
スリッパ	2,000
シーツ・枕カバー	5,000
布団メンテナンス含	5,000
キッチン用品	3,000
弁当箱・水筒	3,000
収納・カバー	3,000
暑さ・寒さ対策グッズ	5,000
カーペット防音対策	3,000
家具	
家電	
ガーデニング	
自転車メンテナンス含	
PC関係	
雑貨	5,000
合計	¥40,000

生命保険(掛捨)

名称	目的	年間保険料
県民共済	医療	24,000
県民共済	医療	24,000
合計		¥48,000

生命保険(貯蓄)

金融商品名	目的	年
	学費(第一子)	
	学費(第二子)	
	学費(第三子)	
	住宅	
	老後	
	車	
	家電	
	旅行	
	将来	
合計※		

被服費（子ども）			被服費（大人）			写真代			ふるさと納税		
内容	予算	実績	内容	予算	実績	内容	予算	実績	内容	予算	実績
制服 円×			パパ仕事 服・靴・その他						ビール	30,000	
体操着 円×			パパ普段 服・靴・その他								
ール関係 円×			パパ特別 服・靴・その他								
・スポーツ 円×			パパスポーツ								
上靴 円×											
長靴 円×			ママ仕事 服・靴・その他								
かさ 円×			ママ普段 服・靴・その他								
春秋靴 円×			ママ特別 服・靴・その他								
春秋靴下 円×			ママスポーツ								
秋パジャマ 円×											
春秋下着 円×											
春秋服 円×											
夏靴 円×			合計			合計			合計	¥30,000	
夏靴下 円×			車関連費			交際費			年会費		
ジャマ 円×			内容	予算	実績	内容	予算	実績	内容	予算	実績
夏下着 円×			保険料			結婚式			クレカ		
夏服 円×			税金			香典			サブスク	5,000	
冬靴 円×			車検			お祝い			町内会費		
冬靴下 円×			タイヤ			お中元・お歳暮			所属団体会費		
冬パジャマ 円×			メンテナンス			年賀状					
冬下着 円×			合計			合計			合計	¥5,000	
冬服 円×			住宅関連費			医療費					
冬コート 円×			内容	予算	実績	内容	予算	実績	内容	予算	実績
ども特別服 円×			固定資産税			健診					
			保険料			予防接種					
			更新料	50,000		検診					
						受診					
合計			合計	¥50,000		合計			合計		

NISA・iDeCo（貯蓄）			先取り貯蓄（貯蓄）		
融商品名	目的	年間積立額	金融商品名	目的	年間貯蓄額
	学費（第一子）			学費（第一子）	
	学費（第二子）			学費（第二子）	
	学費（第三子）			学費（第三子）	
	住宅			住宅	
	老後			老後	
	車			車	
	家電			家電	
	旅行			旅行	
NISA	将来	720,000	楽天普通預金	将来	50,000
合計#		¥720,000	合計#		¥50,000

── MEMO ──

モデル例4　年収およそ350万円・単身世帯

月の収入

	口座	金額
	三菱UFJ	200,000
合計	A	¥200,000

ボーナス・臨時収入

	口座	金額
	三菱UFJ	300,000
合計	B	¥300,000

月の出費

費目	方法	口座	金額
食材	カ	U	20,000
仕事昼食	カ	U	20,000
外食	カ	U	20,000
日用品	カ	U	5,000
ペット			
美容・健康	カ	U	10,000
医療費	カ	U	5,000
住居費	カ	U	65,000
水道代	カ	U	2,000
電気代	カ	U	4,000
ガス代	カ	U	3,000
スマホ・ネット	カ	U	7,000
サブスク			
新聞・受信料	カ	U	2,000
クリーニング代	カ	U	1,000
交通費	カ	U	15,000
車関連費			
学校関連			
保育関連			
学童			
文房具・学用品・書籍			
大人習い事	カ	U	10,000
子ども習い事			
レジャー費			
パパ小遣い	現	U	5,000
ママ小遣い			
子ども小遣い			
ローン・奨学金			
社保・税金			
予備費	現	U	1,000
生命保険（掛捨）			
生命保険（貯蓄）			
NISA・iDeCo	カ	U	5,000
先取り貯蓄			
合計	C		¥200,000
月収支(A-C)	D		¥0

年の出費

費目	方法	口座	金額
イベント・旅行・帰省代	カ	U	50,000
住まいのもの・家具・家電代	引	U	55,000
被服費(子ども)			
被服費(大人)	カ	U	50,000
車関連費			
住宅関連費	カ	U	50,000
写真代			
交際費	現	U	40,000
医療費			
ふるさと納税	カ	U	25,000
年会費	カ	U	5,000
受信料(NHK)			
社保(国保・年金)			
税金			
学費			
生命保険（掛捨）	カ	U	24,000
生命保険（貯蓄）			
NISA・iDeCo			
先取り貯蓄			
合計	E		¥299,000

年間収支

年間収入合計	A*12+B	F ¥2,700,000
年間支出合計	C*12+E	G ¥2,699,000
年間収支 (F-G)	H	¥1,000

月支払い方法別集計

方法	口座	金額
現金合計	三菱UFJ	6,000
カード合計	三菱UFJ	194,000
電子マネー合計		
引落し合計		
合計		¥200,000
年間貯蓄額（※合計）		¥60,000

イベント・旅行・帰省代

内容	予算	実績
春休み		
GW		
夏休み		
冬休み		
パパ誕生日		
ママ誕生日		
第一子誕生日		
第二子誕生日		
第三子誕生日		
祖母誕生日		
祖母誕生日		
祖父誕生日		
祖父誕生日		
父の日		
母の日		
こどもの日		
運動会		
ハロウィン		
クリスマス		
お正月		
バレンタイン		
ひな祭り		
発表会		
帰省		
旅行	50,000	
入学・卒業		
合計	¥50,000	

住まいのもの・家具

内容	予算
タオル	
マット類	
スリッパ	
シーツ・枕カバー	
布団メンテナンス含	
キッチン用品	5,000
弁当箱・水筒	
収納・カバー	
暑さ・寒さ対策グッズ	
カーペット防寒対策	
家具	
家電	50,000
ガーデニング	
自転車メンテナンス含	
PC関係	
雑貨	
合計	¥55,000

生命保険（掛捨）

名称	目的	年間保険料
県民共済	医療	24,000
合計		¥24,000

生命保険（貯蓄）

金融商品名	目的	
	学費(第一子)	
	学費(第二子)	
	学費(第三子)	
	住宅	
	老後	
	車	
	家電	
	旅行	
	将来	
合計※	合計※	

被服費（子ども）			被服費（大人）			写真代			ふるさと納税		
内容	予算	実績	内容	予算	実績	内容	予算	実績	内容	予算	実績
制服 円×			パパ仕事 服・靴・その他	20,000					フルーツ	10,000	
本操着 円×			パパ普段 服・靴・その他	20,000					ビール	15,000	
ール関係 円×			パパ特別 服・靴・その他								
・スポーツ 円×			パパスポーツ	10,000							
上靴 円×											
長靴 円×			ママ仕事 服・靴・その他								
かさ 円×			ママ普段 服・靴・その他								
春秋靴 円×			ママ特別 服・靴・その他								
春秋靴下 円×			ママスポーツ								
欠パジャマ 円×											
春秋下着 円×											
春秋服 円×											
夏靴 円×			合計	¥50,000		合計			合計	¥25,000	

夏靴下 円×			車関連費			交際費			年会費		
パジャマ 円×			内容	予算	実績	内容	予算	実績	内容	予算	実績
夏下着 円×			保険料			結婚式	30,000		クレカ		
夏服 円×			税金			香典			サブスク	5,000	
冬靴 円×			車検			お祝い	10,000		町内会費		
冬靴下 円×			タイヤ			お中元・お歳暮			所属団体会費		
パジャマ 円×			メンテナンス			年賀状					
冬下着 円×			合計			合計	¥40,000		合計	¥5,000	

冬服 円×			住宅関連費			医療費					
冬コート 円×			内容	予算	実績	内容	予算	実績	内容	予算	実績
ども特別服 円×			固定資産税			健診					
			保険料			予防接種					
			更新料	50,000		検診					
						受診					
合計			合計	¥50,000		合計			合計		

NISA・iDeCo（貯蓄）			先取り貯蓄（貯蓄）		
融商品名	目的	年間積立額	金融商品名	目的	年間貯蓄額
	学費(第一子)			学費(第一子)	
	学費(第二子)			学費(第二子)	
	学費(第三子)			学費(第三子)	
	住宅			住宅	
	老後			老後	
	車			車	
	家電			家電	
	旅行			旅行	
NISA	将来	60,000		将来	
合計※		¥60,000	合計※		

―― MEMO ――

読者特典！

「紙1枚やりくり表」のダウンロード方法のご案内

　本書掲載の「紙1枚やりくり表」は、データをダウンロードすることができます。インターネットに接続し、アドレスバーに下記のURLを入力してください。

ダウンロードURL

https://www.njg.co.jp/c/6071kakei.zip

```
日本実業出版社          ×   +
←  →  C        https://www.njg.co.jp/c/6071kakeikanri.zip
```

＊入力はすべて「半角英数字」で行なってください。
＊ファイルはzip形式にて圧縮を行なっております。解凍ソフトを別途ご用意のうえ、ご利用ください。

■ダウンロードコンテンツ
　• 紙1枚やりくり表（PDF）
　• 紙1枚やりくり表（Excel）
　• 口座リスト（Excel）

※URL入力の際は、半角・全角等ご確認いただき、お間違えないようご注意ください。
※本ファイルに起因する不具合に対しては、弊社は責任を負いかねます。ご了承ください。
※本ダウンロードサービスに関するお問い合わせは、弊社ホームページの「お問い合わせ」フォームよりお願いいたします。https://www.njg.co.jp/contact/
※本ダウンロードサービスは、予告なく終了する場合がございますので、ご承知おきください。

橋本絵美（はしもと えみ）

はしもとFPコンサルティングオフィス。
2級ファイナンシャル・プランニング技能士。二種証券外務員。
福岡県出身。慶應義塾大学商学部卒。2男4女を育てる大家族ママFP。お片づけプランナーとしても活動中。相談を受ける中で得た知恵と自身の経験を活かした家計改善や資産形成を得意とする。共働きパパママ、ワンオペママを中心に生活がラクになる片づけや時短家事のアドバイスも好評。

子ども6人FPが教える
お金が貯まる・使える 紙1枚かんたん家計管理

2024年1月20日　初版発行

著　者　橋本絵美 ©E.Hashimoto 2024
発行者　杉本淳一

発行所　株式会社日本実業出版社　東京都新宿区市谷本村町3-29 〒162-0845
　　　　編集部　☎03-3268-5651
　　　　営業部　☎03-3268-5161　振 替　00170-1-25349
　　　　　　　　　　　　　　　　　https://www.njg.co.jp/

印 刷／堀内印刷　製 本／若林製本

ISBN 978-4-534-06071-6　Printed in JAPAN

家を買うときに「お金で損したくない人」が読む本

初心者が百戦錬磨のプロを相手に「家選びとお金」で損をしないためには？「家と住宅ローンの専門家」の現役公認会計士である人気ブロガーが、「ホンネの話」を教えます。

千日太郎
定価 1650円（税込）

新NISAを最大限使いこなすにはどうすればいいですか？

新NISAを活用して、目的別にどう資産形成を進めればいいかを解説します。30代シンママや50代貯蓄ゼロ夫婦など、20〜60代の17事例を徹底シミュレート！

花村泰廣 編著
定価 1760円（税込）

小１の不安「これだけ！」やれば大丈夫です

「百ます計算」で有名な陰山英男先生が、「うちの子、小学校に入ってついていけるのかしら」という不安に対して、「これだけ」やれば大丈夫というポイントを教えます。

陰山英男
定価 1540円（税込）